新教育文库·萤火虫书系

家校之间有个娃

低年级的娃儿这样教

蓝玫◎著

長江出版傳媒 | 湖北教育出版社

(鄂)新登字 02 号

图书在版编目(CIP)数据

家校之间有个娃——低年级的娃儿这样教/蓝玫著.
—武汉:湖北教育出版社,2014.6(2021.10 重印)
(新教育文库.萤火虫书系)

ISBN 978-7-5351-9389-6
Ⅰ.家…
Ⅱ.蓝…
Ⅲ.儿童教育
Ⅳ.G61

中国版本图书馆 CIP 数据核字(2014)第 058604 号

家校之间有个娃——低年级的娃儿这样教 JIA XIAO ZHI JIAN YOU GE WA

出品人	方 平		
封面设计	尚书堂	责任编辑	聂海龙
美术编辑	牛 红	责任校对	刘慧芳
封面摄影	薛晓哲	责任督印	张遇春

出版发行	长江出版传媒	430070 武汉市雄楚大街 268 号
	湖北教育出版社	430070 武汉市雄楚大街 268 号
经销	新华书店	
网址	http://www.hbedup.com	
印刷	黄冈市新华印刷股份有限公司	
地址	黄冈市宝塔大道 89 号	
开本	710mm×1000mm 1/16	
印张	13.25	
字数	165 千字	
版次	2014 年 6 月第 1 版	
印次	2021 年 10 月第 2 次印刷	
书号	ISBN 978-7-5351-9389-6	
定价	29.80 元	

新教育文库

总序

教育实验是一项细致而长久的工程，需要通过一代人去影响另一代人，不能急于求成，不能故步自封，一定要学会等待，一定要耐得住寂寞。

新教育实验更不例外。

中国教育有许多弊端，但仅仅是怒目金刚式的斥责和鞭挞，虽然痛快却无济于事。对于中国教育而言，最需要的是行动与建设，只有行动与建设，才是真正深刻而富有颠覆性的批判与重构。

新教育实验就是寓重构于行动之中，寓批判于建设之中。

新教育要做的，就是给教师和学生一种幸福完整的教育生活，一个开阔无垠的精神视野，让他们对人的内心的复杂性有更为深切的体验，不但要了解生命的伟大和宇宙的博大，而且要感受生活的丰富与人性的丰厚。

从2000年《我的教育理想》的出版，新教育思想悄然萌芽，到2014年《新教育文库》的第三版重订，此时此刻的中国大地上，2000多所学校的200多万新教育师生，正走在新教育的路上。

以追寻理想的执着精神、深入现场的田野精神、共同生活的合作精神、悲天悯人的公益精神，埋首耕耘，成就我们的人生、我们的教育、我们的民族。这就是新教育精神的本质内涵。

新教育追求高度，但永远不会高高在上；新教育培养卓越的教师，更关注普通的教师；新教育不是一个精英俱乐部，而是一个宽容开放的团队。新教育始终敞开胸怀，永远等待、拥抱理想主义者。真实的新教育，永远在田野中，在千千万万默默无闻的普通老师的教室里。

新教育人，就是这样一群有着共同梦想、遵守共同标准的志同道合者。彼此为对方的生命祝福，彼此珍惜生命中偶然的相遇，彼此郑重作出承诺，共同创造一间又一间完美的教室，共同书写一篇又一篇生命的传奇。

新教育不求无懈可击的理论体系，而是强调行动起来，在实践中思考，在实践中提升，在实践中成长。帮孩子成为自己，让我们成为自己，一个完整的幸福的自己。我们不是人类文明的创始者，但人类文明可以通过教育的伟大理想穿越时空，通过我们今天的行动变为现实。

当然，我们也知道，只有对新教育的认识从“概念”向“信念”推进，由“理想”转向“思想”引领，激发出人们深沉的情感、执着的意志，从精神世界的积淀表现为主体的自觉行动时，新教育实验才可能真正成为人生力量和教育智慧的策源地。

新教育文库，正是总结、梳理、传播新教育人的所行所思所得的一种努力。无论是经验还是教训，这一路跋涉的足迹，将成为指向明天的路标。在这套文库中，不同书系有着不同定位：我们希望用“通识书系”积淀下新教育的根本书籍，用“蒲公英书系”及时总结一线教育经验，用“萤火虫书系”全力搭建家校沟通的平台……我们并不准备用一部部书籍堆砌功名的城堡，但我们盼望这一部部心血凝成、行动书写的图书，能够成为一块块砖石，铺就一条通往彼岸的桥梁。

那么，新教育的彼岸是什么模样？

我想，彼岸是一群又一群长大的孩子，从他们身上能清晰地看到：政治是有理想的，财富是有汗水的，科学是有人性的，享乐是有道德的。

亲爱的新教育同仁，我们正在这条通往彼岸的船上。让我们同心同行，过一种幸福完整的教育生活。

行动，就有收获。

坚持，才有奇迹。

朱永新

2014年3月12日于北京滴石斋

序

真正的家庭，不仅是吃喝拉撒睡的凡俗生活之地，更是一个文化的场所。真正的家庭，不仅是休憩所，更是“加油站”。真正的家庭，不仅要强健人的体魄，更要滋养人的灵魂。真正的家庭里，有着精神的自如交流、行动的彼此配合，有经验的总结、教训的反思，也有生命的延续，能将希望如火种般传递。

真正的亲情，并非血缘的简单联系，而是某种精神的共鸣与传承。真正的亲情，是一群常年厮守的人，以类似的人生观、价值观面对世界，发现并实现自我，从而产生的一种休戚与共、深刻而持久的情感。一旦拥有这种亲情，就如同人生打牢了坚实地基，其上兴建的楼宇再高，也不易坍塌。

在这样的家庭里，民族的文化才得以张扬，被时光淘洗而生生不息。在这样的生活中，美好的精神才得以活泼泼地流淌，历经岁月而源源不绝。

家庭教育的最高境界是不教之教。父母的一言一行，都是孩子的教科书；父母的精神高度，就是孩子成长的天花板。每个家庭里都有一种教育在展开。家庭的幸福与否，在很大程度上取决于家庭教育的优劣。

有的父母乐观，认定自己的孩子天生如星、光芒四射，却不知星星也有恒星与流星之分。有的父母悲观，抱怨自己的孩子平凡如沙、前途渺茫，殊不知哪怕真是沙子，蚌若用心血守护一粒沙，最终捧出的将是珍珠。家庭教育的力量，首先来自对先天基础与后天教育的正确理解。

可惜，现实中我们看了太多反面的案例。其中最让人遗憾的错误是，许多人用了一个“爱”字，把父母、家庭、家庭教育不加辨析地视为名利。在轻率而糊涂的想当然中，走向了教育的反面。

我们的新家庭教育观，概括而言是三个字：智慧爱。智慧是理性，爱是感性；前者更强调后天，后者更接近本能；前者意指科学，后者意指人文。情理交融，才有最好的家庭教育。

这套“萤火虫书系”，正是“智慧爱”的结晶。

这套书系是新教育实验家校合作共建行动的重要成果。新教育作为一场正在影响着2000多所学校、200多万师生与家庭的教育改革，作为中国规模最大的教育公益组织，始终致力于把国内外的优秀教育成果种植到中国大地上。这套书将以深入浅出的内容、流畅易懂的文字，全面展示新教育实验在新父母学校、亲子共读、新父母网络书院等方面的经验与做法；这套书将手把手地教导大人如何爱孩子，既指引大人和孩子怎样共创未来的奇迹，又叮咛大人和孩子如何珍惜当下的幸福。

从来没有任何一个时代，能够像今天这样凸显家庭的重要。在社会急剧转型的洪流里，小小的家庭已不仅仅是港湾，而在事实上成为很多人精神的中流砥柱，甚至是灵魂的永恒皈依。

我们坚信，正确的家庭教育能让每个孩子书写自己的生命传奇。当父母学会如何正确地爱孩子后，炽热的亲情会成为生命永不枯竭的成长力量。

我们希望，千千万万的父母能够用“萤火虫书系”点亮自己，照亮孩子的星空，从而创造一个幸福的家庭，让我们的世界更美好。

——以智慧与爱为生命的双翼，期待你与我们并肩飞翔。

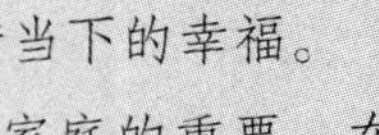

（儿童文学作家、新教育新父母研究所所长）

2014年2月25日于北京

目录

目录

序言
一朵玫瑰的蓝色新生

朱永新

这半生与教育结缘，我走过的学校、走进的教室不计其数。看过许多地方，在那些被人忽视甚至遗忘的角落里，我都看到有教育的嫩芽在吐露新绿，有教师的生命在不屈成长。这些艰难的美好，常常让我动容，甚至热泪盈眶。在这些故事中，有一间让我泪流满面的教室，我至今无法忘怀——

那是2012年4月，在石家庄桥西新教育实验区开放周上，我走进了该区的一所位于城乡结合部的普通新教育小学，参加了其中一个班级的实验展示活动。

在展示中，该班的数学老师讲了自己如何在教室里种下了蒜苗，带领学生们丈量蒜苗长度、计算每日生长；该班的美术老师讲了自己如何教学生捏泥人，又如何反倒被学生的迅速成长上了一课；该班的音乐老师讲了自己如何把音乐融入新教育晨诵，如何用专业发音帮助一个音带患病的孩子免遭手术之苦……老师们朴实而真挚，庄重中又带有几分羞怯拘谨地讲述着自己的教育故事。

最有趣的，是该班的学生父母代表虽然三位母亲同时上场，却三个人都满脸通红，呐呐说不出话来。主持人介绍说，听说要上台发言，全班没有一个家长敢上，最后她们仨约好一起行动，才算走到了台上……

最动人的，当然是这个班的孩子们。他们童声朗朗地诵读诗歌，介绍自己从进校开始的恐惧到如今对学习的喜爱，他们向客人赠送亲手捏塑的泥人，那人物造型许多是源自平日课外阅读中的积累，是脑与手的结合……看看他们黑亮的眼睛、明媚的笑脸，无论诵读还是手工，他们的一举一动里都洋溢着自信与从容，活生生地诠释着什么是教育，什么是幸福！

那是一间原本极其普通的教室，那是一群原本极其普通的老师，那是一群原本极其普通的孩子与父母。那样的物与人，在我们身边本来俯拾皆是。正因如此，这群人共同创造出的那份近在身边的幸福，才如此真切，动人至深。这一幕分明是说，哪怕在不尽如人意的现实里，我们照样大有可为，教育依然魅力无限！

我坐在台下看着，充满了感动，澎湃着激情，止不住热泪盈眶。

这感人一幕的缔造者，也是活动当天的主持人，就是蓝玫。

曾有网友给我留言说，新教育“所推动的教育改革是最难的一个领域，那就是推动千万教师教育方法的变革”。其实，教育改革牵一发而动全身，是否最难往往是相对而言的，但新教育实验的确是以教师专业发展为起点。因此，新教育十年，有无数教师为其倾力付出，以行动书写新的教育故事，有无数教师在其中成长，让生命逐渐吐露出独特芬芳。蓝玫就是其中之一。

现任新教育新父母研究所执行所长的蓝玫，在走进新教育之前，有着曲折的从教经历。

刚参加工作时，年轻的她只记得父亲那句“当老师是个良心活，你要好好教书，对得起自己的良心”的叮嘱，为此尽心尽力教导学生。让她高兴的是，她觉得自己很快就成为了一个“好老师”，因为她发现当个好老师只有唯一的标准：让学生考高分就行。而自从参加工作，她一直兢兢业业地努力，也得到了相应的回报，所带的班级成绩一直在同年级遥遥领先。

好景不长。没过几年，因为在单位遭受了不太公平的待遇，性格倔强的她奋起反抗，结果却得到了长达十多年的雪藏和封杀。这颗年轻的、炽热的、火红的心，就像一朵鲜艳的红玫瑰，刚刚绽放，就遭遇了冰霜。她也曾憎恨环境恶劣，也曾抱怨命运不公，也曾在麻将桌前颓废度日……她的人生，一度失去了方向。

在这一段漫长的时光里，她只为了“良心”二字，不甘彻底沉沦。2009年，在朋友的推荐下，喜爱上网的她稀里糊涂地走进了教育在线网站。在这里，她给自己取了个网名叫“蓝玫初绽”。“初绽”二字是她跃跃欲试又心存胆怯的心声。她自己也没想到，这个名字如同一个预言，成为她接下来的写照——

走进新教育，蓝玫压抑多年的教育激情顷刻间就被点燃。通过新教育网络师范的学习，不断提高自身素养；通过教室里新教育课程的开展，坚持知行合一；通过网上、网下与其他老师的交流、研课，反复琢磨品味……她对新教育如痴如醉，像是着了魔。

她发现以前自己努力工作，是为了得到别人的认可，证明自己。走进新教育后，她终于发现了教育的真正魅力，教育渐渐成了自己心灵的真正归属。因为做的是自己喜欢的事情，她整个人经常处于一种亢奋的状态：为了准备一份晨诵的稿子，能从第一天下午到第二天十七八个小时不挪地方；为了撰写一份网师的作业，可以早泡面晚泡面整整一周不出门……她说，新教育成了自己的情人、亲人！

疯狂的投入，带来的是惊人的成长。在桥西新教育实验区中，蓝玫成为新教育骨干，在她所在的城郊小学里，她更是全校的新教育核心，学校的一群老师，尤其和她搭班的各学科老师因为她的影响，对新教育更为投入与痴迷。

由于蓝玫在新教育上的出色表现，她担任了学校中层管理工作。但她只有一个要求：坚持带班。在新教育里绽放的蓝玫，深深懂得教育最真切的幸福，来自于师生共同成长的快乐。她的学生都出自父母是打工者、农民、小商贩的家庭，全班父母中工作最稳定的是一位公共汽车司机。而这些孩子不仅以出色的表现赢得全国各地来访教师的交相称赞，还征服了《光明日报》《中华儿女》杂志等媒体，纷纷以大篇幅报道这群普通而又不平凡的孩子，报道这个普通而又不平凡的班级，报道蓝玫这位普通而又不平凡的老师。

就这样，2009 年走进新教育的蓝玫，2010 年成为新教育种子计划公益项目资助的种子教师，2012 年获得了“新教育完美教室缔造者”的荣誉，成为新教育首批 9 位完美教室缔造者之一。

蓝玫的故事，多次感动过我。2011 年底，在《朱永新教育作品》首发式上，她和她的孩子们不仅带来了精彩的童诗表演，而且送我一本全班集体创作的绘本《有这样一个新的孩子》，孩子们又写又画，描述出“我心中的朱永新”的模样，这是迄今为止我最喜欢的礼物之一。

正是走在迈向完美教室的路上，在力图把学生父母深度卷入教育之中时，蓝玫越来越深刻地意识到父母在教育中具有不可取代的重大责任，家庭教育的缺失，对孩子教育产生的影响极其深远与长远。于是，她加入了新教育萤火虫亲子共读项目，以教室为基地，发动班级里的学生父母、带动全校的学生父母、面向学校周边的有心年轻父母，开展亲子共读公益活动。她没想到这些活动受到了父母们的强烈好评，在那些激动的、渴切的目光中，她突然明白了：父母爱孩子可能是天性，但如何爱孩子必须学习，现在有太多的年轻父母自己在心理上还是孩子，相关的家庭教育实在太匮乏，他们不是不想爱，而是不懂爱。

就在蓝玫发现了教育的新大陆时，有两条路同时在她面前展开：

一条路，是她可以立即升任副校长，并且对方许诺校长职位一直空缺，等她资格足够时直接晋升；另一条路，是新教育研究院刚刚成立了新父母研究所，正在招募人员从事家庭新教育的研发推广工作。

有一首诗里写着："一片树林里分出两条路——而我选择了人迹更少的一条，从此决定了我一生的道路。"蓝玫选择的也是后者。经过一番痛苦的思考，她辞去公职，放弃了正式的编制与稳定的收入，从此彻底投身于教育公益事业。

蓝玫没想到，她在离开教室后的几个月里，多次梦回教室，醒来忍不住流泪。几个月里，每次走进别人的教室，心中总是恍惚，总觉得自己应该走上讲台。她的家就在原来工作学校旁边，当她发现自己教过的那班孩子去郊游时，她在楼上悄悄目送大家，直到最后一个孩子的背影消失在自己的视线里……

"我爱孩子，喜欢和孩子在一起。当初我并不知道离开教室、离开孩子会让我这么难过。如果重新来过，也许我会选择留在教室。可是面对已经选择的道路，我无怨无悔，我唯一能做、唯一要做的是：帮助更多家庭，让更多孩子享受到教育的完整幸福。"蓝玫说。

在新的土地上，蓝玫以家校共建为切入点，从对教师与学生父母的双向引导、沟通对话着手，全力开展新父母课堂、种子教师计划、萤火虫亲子共读等公益项目。网上答疑，线下讲座，广播电台也为她开辟了"蓝玫时间"热线，她应邀到学校讲学，面向教师、学生父母等不同群体开展的对话诊疗式培训有的放矢，受到校方热烈好评……她忙忙碌碌地四处奔走，为教师分忧，与父母对话，与孩子交流，她不断与人分享着自己的成长，也在分享中收获更多，由此更快地成长。

重新扎根于新的土地之上的蓝玫，则让我在感动之余，满怀欣喜，愈发期待。蓝色，是天空的颜色，也是新教育 LOGO 的主色调。这朵玫瑰历经火红的青春之后，从容而坚定地朝向天空生长，尽情吐露芬芳。我相信，历经岁月，这芳香将越来越浓郁。

这本《家校之间有个娃》，是蓝玫这些年的教育经验总结。这本书不仅行文流畅，好读易懂，而且直面现实，可操作性强。蓝玫在家庭和学校之间选择了一个中立的结合点，对父母和教师都有启发意义。这些针对生活中常见问题展开的故事，不仅破解着家庭与学校中的难题，而且新的教育理念就蕴含于故事之中，若读者能回味揣摩，就会有着治标更治本的作用。

我也相信，蓝玫的故事，会感动更多人。家庭教育、学校教育、社会教育、自我教育是一个好教育不可分割的组成部分。教育不仅是为了明天，也是为了今天。教育不仅是为了孩子，也是为了自己。在追寻梦想中，继续自我教育，在坚持行动中，不断提升自己，这不仅是对教育事业的不断探寻，对教育空间的不断开拓，更是对教师生命存在的积极定义。

如果说教育意味着一棵树摇动另一棵树，一朵云推动另一朵云，那么，一个觉醒的生命势必唤醒更多的生命。我满怀期待地看着新教育生机勃勃的田野，我相信，蓝玫这样的花儿，会越来越多。而中国教育这片广袤而贫瘠的大地啊，有着这样一代又一代人的坚持耕耘，一定会百花齐放，硕果飘香——对此，我永远满怀热望！

前言
家校之间

这个世界，是一个因缘世界。

当一个孩子走进学校的那一刻，就意味着学校和家庭以孩子为纽带，建立起了一种因缘关系。

这个环境，是一个让人日渐焦虑的环境。

当传统的社会结构随着各种改革的深入而不断改变，也就意味着越来越多的人被裹挟着成为了某些流行事物的“囚徒”，比如应试制度下的父母和老师。

孩子们就像被风吹来的一粒粒种子，从一个叫“家”的地方，落到了一片叫“学校”的土壤里。在这里，他们将汲取知识的养分，慢慢成长为一个独特而神奇的自己。这，就是生命；这，就是奇迹。而所有生命的奇迹，又都值得我们心怀虔诚地尊重和怜惜。

所以，真正的教育，本应该首先关注孩子生命本真的成长状态，关注孩子道德人格的发展。在这基石之上，智育才不会走入歧途。

所以，在和孩子们一起行走的旅程中，我们必须不断告诫自己：孩子们的生命里充满了无限的可能，而今天我们所给予他们的，都将成为他们未来无限可能的一部分。

如果父母和教师合力，以此为共同目标，以信任架桥，从不同侧面关注孩子，对孩子进行引导和帮助，无论父母还是老师，都会事半功倍。

这本书里的案例，都取材于我前些年的教学生活，展示了面对小学低年级段的孩子，我们该如何捕捉教育细节、剖析细节反映的问题，从而让学校教育与家庭教育同时变得轻松高效。

案例中的父母都是当下中国最为普通的父母们，他们为孩子所做的事情，是所有父母都能做到的。书里这些孩子得到的成长，也是所有孩子都能拥有的。

衷心希望这些来自于一线教学生活的反思，对父母与老师会有所启发。

第1章

适度疏导，爱哭娃换笑脸

号啕大哭

新生报名的工作，一般是从暑假前的六月份或者七月份就开始了。因为报名招生的程序比较烦琐，所以每到这个时候，校园里总是最嘈杂的。如果再无序一些，就更容易让人无法平静了。而这样的状况往往会持续很久，等到转学的学生也都安顿好了，有时甚至都开学过去一个月了。

我从来不认为，一个老师，必须得从见到孩子第一眼，就一定要爱上他们。我们可以允许自己，从不讨厌到开始喜欢上，然后经过相处，再慢慢地爱上他们。不知道这样的感觉是不是因为爱在教育界被用得太泛滥的缘故，我更愿意用喜欢、好玩来表达。

在每一年开学报到的日子，看到叽叽喳喳涌进校园的娃娃们，我总是喜欢观察他们，觉得好玩更多一点。你们看，那些小小的人儿啊，有的躲在爸爸或者妈妈身后，只露出或新奇或恐惧的眼睛；有的东张西望摇头晃脑，显得什么也不在乎；有的拉着小弟弟或者小妹妹，漠然地看着妈妈或者爸爸忙碌着帮自己办那些琐碎的手续；还有的迫不及待地挣脱爸爸妈妈的手，满校园跑起来……总之，环境的嘈杂纷乱自是难免，但孩子们那难掩天真的举止和神态，却总会带给我们很多乐趣！

每一次接到新生名单，我总是会默默地读着那些名字，凭直觉猜测：“这是个男孩子还是女孩子？眼睛大还是小？性格内向一些还是外向一些？第一次报到的时候，会是爸爸带着还是妈妈带着呢？在他们眼里，我会是一个怎样的老师呢？”诸如此类。并且想象着为每一个名字勾勒一幅剪影，等到他们站在我面前的时候，我就会把眼前的孩子和我心里想象的那个“他（她）”做一个对比，略带兴奋地开始另一番想象之旅——他（她）哪里和我之前想象的不一样？这个名字后面，会有一个怎样的家庭，有着怎样的父辈或者祖辈呢？这个小小的面孔长大后，又会是什么样子的呢？他（她）会成为一个医生还是一个老师？抑或是一名警察……

当孩子们真正走进教室时，这就意味着一个大家庭诞生了。

在我的教室里，我一直习惯按照个子的高矮来分排座位，这个叫萱的瘦瘦的小姑娘，就坐在第一桌。报到那天，小姑娘扎着整齐的马尾辫，穿着一件白底蓝花的连衣裙。她皱着眉头，抿着小嘴，一只手紧紧攥着妈妈，努力让身体能够靠在妈妈身上。另一只手，则一直揪着裙子上的腰带，还不时地把腰带在手指上绕几下再放下来。一整天下来，我愣是没有看到她笑一下。

第一节课，我请了我们美术老师、音乐老师、数学老师等所有科任老师一起，为孩子们准备了一张成长档案卡。档案卡上面有他们的姓名、性别、年龄、爱好、爸爸妈妈的名字及工作等，要求孩子们逐一填写。自己会写字的我们就让他自己写下来，不会写的字可以写拼音代替，也可以画画代替。实在不会填写的，还可以请身边的老师来帮忙。而在最后一栏，我让孩子们选择自己喜欢的染料的颜色，印上自己的小手印。

孩子们看到一堆五颜六色的颜料的时候，都显得很兴奋，唯独这个小姑娘东张西望，眼圈里的眼泪都快掉下来了。

我以为她怎么了，赶紧走过去问她：“萱，你……”我本来想说“你怎么了”，可是刚叫了她的名字，话都还没有说出口，她居然“哇”的一声先哭了出来。她这一哭，整个教室顿时安静下来，大家都愣愣地看着她。可是她完全不理会，两只小手轮换着抹眼泪。我伸出手想去抚抚她的肩膀，安慰她。可是手刚刚挨到她，她忽然一扭身躲开我，哭得更来劲了。我掏出一张纸巾塞进她手里，想让她擦一下眼泪，可是没想到，她忽然把攥着的小手张开，纸巾一下子掉到了桌子上。几个老师见状，赶紧都走过来，试图帮我一起安慰她。

我示意他们别过来，然后凑到小姑娘的耳朵旁边轻轻地说：“萱，我知道你现在心里很难过，想哭一会儿发泄一下。我告诉你啊，老师要是觉得伤心的时候，也会这样哭一会儿。不过还是不要哭太久哦，眼睛会抗议的。等一会儿我们再陪你一起印小手印好了。”

然后我转身对大家说：“萱现在不太开心，想哭一会儿放松一下，我们不要打扰她，先继续印自己的小手印好不好?”

“好。”孩子们回答。

我说：“那我们还等什么，继续吧!”

不知道孩子们是还在想萱的事，还是被这哭声勾起了自己的某些情绪，大家居然比刚才安静了很多。不过毕竟是孩子，不多会儿，他们似乎就忘记刚刚发生了什么，又嘻嘻哈哈起来。

我不时扭头从背后偷偷看看萱。一开始的时候，萱的哭声还是很大，慢慢地，虽然还在抹眼泪，但是哭声却越来越小了。我感觉时间也差不多了，就先走到萱的同桌旺那个小男孩前面，指着成长卡教他怎样按下小手印。然后我装作无意地对萱说：“萱，旺选了蓝色哦。你是小姑娘，不知道你会不会选鲜艳一些的颜色。你来看看，你是准备选红色还是选黄色啊?”萱终于停下来，把脸转向了同桌的成长卡。我趁机继续说：“萱，来啊，颜色宝宝都等不及了，小手伸出来吧!”她张开手，伸向了装着紫色的调色盘……再看她的小脸，虽然还是没有笑，甚至略微皱着眉头，但表情分明已经轻松了很多。

语文课上，我们没有学习课本。我拿出准备好的绘本《一口袋的吻》给大家讲，孩子们的眼睛开始发亮了，而萱呢，虽然偶尔会躲闪我的目光，但还是被故事吸引了。讲到迪比拿出妈妈的吻的时候，萱下意识地把手攥了一下。我停下来告诉大家："闭上眼睛，你们的妈妈也放了吻在你们的口袋里了，掏出来享受一下妈妈的味道吧。"孩子们闭上眼睛，小手捂着小嘴巴，不知道都想起了什么，脸上露出了微微的笑意。

放学了，父母们都来接孩子。我特意把萱妈妈叫住了，示意她留一下。萱妈是个 30 岁出头的年轻女人，也扎着一条长辫子，穿着很朴素，略带点腼腆。见我让她留下，她神色忽然有几分紧张，站在教室门口，显得很不自在。她低头看了看萱，表情有几分责备，但不知道是不是顾忌到我就在旁边的缘故，并没有说话。而萱呢，她抬了抬头，但很快又把目光从妈妈脸上移开，开始东张西望，手还是重复着把裙子的腰带在手指上绕来绕去的动作。

我跟萱妈妈说："萱今天按小手印的时候选了紫色，可漂亮了，你回去一定要让萱好好给你讲讲。我想萱和妈妈感情肯定特别好吧，她今天想妈妈都想得哭了呢。"听我这样说，萱又皱起了眉头，眼睛虽然还是不看妈妈，可是身体下意识地朝妈妈身上靠了一下。她手绕腰带的动作，也忽然变得更快了。

可是萱妈妈并没有接住孩子这一靠，她嘴里说着："是吗?"然后也是下意识地去抓过孩子的胳膊，想让孩子的眼神和自己对视。而萱呢，因为刚才没有靠到妈妈，委屈地撇起了嘴。现在见妈妈要抓自己的胳膊，她竟倔强地甩开，还把头扭得更远了。我猜要是萱妈妈再说下去，萱一定又会哇的一声哭出来。

我于是赶紧拉住萱妈妈的胳膊，示意她别再去抓孩子了。接着，我对她说："有个这么贴心的女儿，真让人羡慕啊。萱真的很乖哦，都没有让老师哄，自己就不哭了呢。萱，是吧?"

一边说，我一边伸手轻轻摸了摸萱的小脑袋。萱下意识地歪了下头，但这一次，她没有甩开我，脸上的表情也显得放松了。

听我这么说，萱妈妈似乎也释然了，神色柔和起来，还伸手搂住了孩子的肩膀。我说："赶紧回去吧，第一天上学，萱肯定有好多话要给你讲呢。萱，记得把第一天上学的故事画一画，明天让老师也看看哦。"顺便，我把布置的作业又向她们重复了一遍。

有了这次的经历，之后的日子，我便有意识地留意了一下这个小姑娘。

嘤嘤啜泣

孩子们刚入学的那段时间，我们晨诵的内容主要是有趣的儿歌和童谣。一天早晨，我带孩子们学《老鼠搬蛋》这首儿歌：

小老鼠，搬鸡蛋。
鸡蛋太大怎么办?
一只老鼠地上躺，
紧紧抱住大鸡蛋，
一只老鼠拉尾巴，
拉呀拉呀拉回家。

孩子们一边跟读一边做动作，玩得不亦乐乎。

萱的同桌旺一边嘴里读着"一只老鼠拉尾巴，拉呀拉呀拉回家"，一边伸手一把扯住了萱的小辫子。这下可捅了马蜂窝了，萱扭头伸手，照着旺的脸上就是一巴掌，然后身子使劲一拧，虎着脸坐在那里。

正好这个时候，我从教室后面走了过来。萱本来是一脸的愤怒，皱着眉头斜眼瞪着旺，生气地坐在那里。看到我过来，她先是有点意外，然后立刻显得惊恐、不安。还没等我说话，她又突然变成了满脸委屈，接着泪珠子就噼里啪啦掉下来了。好在这一次，她并没有不顾一切地号啕。

而旺呢，本来被儿歌吸引得正兴奋呢，被这一巴掌打蒙了。只见他小脸涨得通红，嘴唇撅得都快到鼻子上去了。虽然是男孩子，但两串“金豆豆”没“装好”，叽里咕噜地掉了一地。

我赶紧走过去，轻轻地拉住旺的手，然后一边帮他擦眼泪一边说：“旺，没事吧？如果很痛，你可以哭出来。”旺不知道是真的听懂了我的安慰，情绪平稳了，还是一下子没弄清楚我的话到底什么意思，他伸出胳膊抹了一把眼泪，使劲冲着我摇了摇头，竟然还挺了挺身子，努力坐得更端正些。

我弯下腰，伸手摸了摸他的头，对他说：“我们旺可真懂事，被打疼了都没有哭出声音，真是个小男子汉！”听了这句话，旺不再哭了，但还是撅着小嘴。

萱还在流泪，但是见我只和旺说话，脸上露出了比刚才更多的恐惧和不安。我装作没看到，还是对着旺说：“不过萱的小辫儿被你揪疼了，你安慰一下萱的小辫儿吧。”听我这样说，旺先是有些茫然，然后扑哧一声笑了，刚才还撅着的小嘴儿也放松了下来。

萱一下子被我和旺给搞糊涂了，也停止了哭泣，但脸上还带着那种委屈的表情。她坐在那里，不时地用眼睛偷偷瞅我和旺一下。

我转过身来，对萱说：“萱，旺知道揪疼了你的小辫儿，想和小辫儿道歉，你要不要对着被你打疼的旺的脸蛋儿道个歉啊？”萱听我这样说，一下子站起来，着急地对我说：“他刚才使劲扯我的头发，扯得我都疼死了。”“哦，小辫儿和脸蛋儿都受了委屈，老师还真觉得为难啊，到底该谁先道歉呢？”我一手轻轻捋着萱的小辫，一手轻轻摸着旺的脸蛋，偷偷冲着旺挤了挤眼。旺这个时候完全被我的“小辫儿和脸蛋儿”说给绕进去了，脸上带着微笑，很乖巧地对萱说：“对不起。”萱似乎有点意外，但还是扭头对旺回了一句：“没关系。”

我看着萱，继续说：“哦，没关系不够呢，旺的脸蛋儿还在等哦！”萱说：“对不起。”我赶紧帮着补充说：“脸蛋儿！”听我这样一逗，旺一边说“没关系”，一边已经笑出来了。

泪珠滚滚

对萱的情况，我在和她妈妈不断地沟通中，也了解得越来越多了。

萱的妈妈和爸爸性格都比较内向，朋友不多，所以他们能陪伴孩子的时间其实还是很充裕的。但是因为都是打工族，平时回到家就很累了，这导致他们和孩子真正交流并不多。

我问萱妈妈，如果萱在家犯了错，妈妈会怎样处理。萱妈妈举了个例子。说，一次萱端杯子喝牛奶，结果不小心洒了，杯子也摔碎了。萱妈妈下意识地喊了萱一嗓子：“你就不能小心点啊！”结果萱站在那里，张着胳膊哇地哭了。见此景，萱妈妈就更生气了：“哭什么哭，打碎杯子你有理了啊？”萱于是哭得更凶了。

萱妈妈说：“本来打碎了杯子，我就挺生气的，看她又哭又闹，也没心思去哄她，只想揍她一顿。”我告诉她：“千万不能揍。萱的敏感，其实是缺乏安全感和自信心的表现。她渴望得到你们的关注，渴望得到来自父母的肯定和表扬。如果孩子总是处于对这些情感饥渴状态的话，就容易有这样的表现。”

萱妈妈听了我的话，眼泪都出来了。萱妈妈是那种非常朴实的女人，说话的时候轻声细语的，如果不是她自己告诉我，我真无法想象这样一个温和的女人，会用这样的态度对女儿。

我告诉萱妈妈：“你也别难过了，现在知道孩子的问题出在哪里了，你就要想办法帮助孩子。还举刚才的例子，打破了杯子，其实她心里就非常恐惧了，甚至都已经被吓到了。这时候你再一喊，她就更恐惧了。那正确的方法是什么呢？应该先问孩子，有没有烫到，有没有扎破手之类的，以确定孩子没有受伤。然后告诉孩子，杯子破了不要紧，我们一起收拾就行。收拾完之后，再拿一个杯子，教孩子怎么拿才不容易打破。”

萱妈妈听了频频点头，说：“可能是因为我太急了。说实话，干一天活回来，真的有点没精力顾她了。”我问萱妈妈：“我们工作是为什么？孩子对我们意味着什么？如果这个取舍都不能做的话，孩子的问题只会越来越严重。”萱妈妈听我这样说，眉头皱得更紧了。我告诉她：“其实你可以有一个更简单的办法，就是让孩子养成读书的习惯。孩子身上的很多问题，都会随着阅读的不断深入，自行修正和改善。建议你试试。”然后我推荐了一个绘本馆给她。我能感觉得出来，萱妈妈是被我触动了的。

果然，我们谈话的那个周末，萱妈妈就给萱办理了绘本馆的借阅卡。借我每周给父母们一封信的机会，萱妈妈总会在回复中告诉我，萱又读了什么书，最近表现怎么样，她有什么想法……

最让我开心的是，萱妈妈和爸爸开始陪萱进行亲子阅读了，还照我在信里给父母们的建议，和孩子一起开家庭故事会等。一个学年过去，萱也不轻易哭鼻子了，开始变得自信起来。

第二学期的时候，一次下课，我正在讲桌那里整理课件，萱忽然欢天喜地地跑过来告诉我：“老师，来，我告诉你一件事。”

我一低头，她伸手搂住我的脖子，凑在我耳朵边上悄悄地说：“老师，我已经背诵了你发的那本书里面的所有儿歌了。”

我装作惊讶的样子，很夸张地说：“啊？不会吧，三百多首呢？敢不敢让我考考你？”

她一歪脑袋，笑得嘴角都跑到了耳朵根上去了：“当然了，我才不怕呢！”

我不放过她："那等一会儿上课的时候，我让大家随便问你，你敢不敢？"

"敢！"她想也没想就回答我。

上课了，我对大家说了萱说的话，让大家都来考她。让我们佩服不已的是，她真的是做到了提哪首会哪首，一口气背了十几首儿歌。大家彻底服了，一起给她鼓起掌来。

坐在她后面的小淘气乐忍不住了，忽然起身，一巴掌拍到了萱的肩膀上："行啊你'小子'！"

乐的动作让我心里一惊，我不知道这巴掌有多大的力度，会不会让我们萱的"金豆子"掉出来。

结果，萱一转脸，冲着乐吐了吐舌头，然后骄傲地一扭，转过身坐好了。

我长长地舒了一口气！

大量阅读带给这个孩子的是不可思议的成长。第二年"六一"儿童节，萱参加了我们市图书馆举行的绘本故事大赛，得了低年级组的一等奖，奖品是一套价值六百多元的百科全书。爱哭娃变成了爱读娃、爱笑娃，真是让人欣慰啊。

萱妈妈不无骄傲地告诉我："萱现在已经很少要我们陪着读书了，有时候我们要陪，她还嫌我们吵。除非哪天她高兴了，才会拉着我们和她一起表演故事。她性格也柔和了很多，这真要谢谢老师。"

我告诉萱妈妈："你别这样说，这和你们的努力分不开。"

萤火虫对父母说

人从出生开始，就在为了适应环境而不断努力。哭，就是我们最初的"武器"。呱呱坠地后，我们用哭来宣告自己的存在；婴儿时期，我们试着用哭来表达自己的饥饿、委屈，以获得食物和关注。现在很多年轻的父母不太能够关注孩子的一些细节表现，面对孩子的眼泪不断妥协和让步，致使很多孩子变成了爱哭娃。聪明的父母，一定要找出孩子爱哭的原因，变迁就为智慧引领，让孩子选择积极的方式表达自己的情绪。

1. 孩子对陌生的人和环境不能尽快适应，因为焦虑和恐慌导致爱哭。

故事中的萱，“抿着小嘴，一只手紧紧攥着妈妈，努力让身体能够靠在妈妈身上。另一只手，则一直揪着裙子上的腰带，还不时地把腰带在手指上绕几下再放下来”。从这些表现，我们能感受到孩子在面对陌生的人和环境的时候，内心的焦虑和强烈的不安全感。这个时候，母亲应该顺势抱住孩子靠过来的身体，轻轻抚摸她的后背，用爱抚来缓解孩子的焦虑，让孩子感觉到安全。这样可以帮助孩子尽快建立起对周围环境的信任，使她融入新环境。

另外从案例中可以看出，萱的父母性格内向，朋友不多，父母带孩子一起参加朋友聚会等活动的机会也很少。这会导致孩子缺乏与外界沟通的经验，孩子适应环境的能力也就差了。建议父母们，应该从孩子小的时候开始，多带孩子走出家门，参加朋友聚会或者各种社会活动，帮助孩子搭建各种人际交往平台。父母还要尽可能多地带孩子亲近自然。孩子见多识广，自然在面对陌生人或者新环境的时候，就不会畏惧了。

2. 心理脆弱的孩子常常以哭为进，以赢得同情和谅解。

孩子的情绪如果经常受到压抑，一方面有可能变得越来越焦躁，面对突发事件，他们会本能地启动自我保护功能来进行应对，甚至表现出某种攻击性。而另一方面，这样的孩子其实更脆弱。他们的哭是源于恐惧，是渴望得到同情和谅解。比如萱在揪辫子、摔碎杯子事件中，都是有过错的，但在见到老师、遭到妈妈的吼叫中，她反而先哭开了。

孩子犯错在所难免，尤其低龄段的孩子。孩子犯错后，父母应该克制自己的情绪，蹲下来，以平等的姿态、以温和的话语，先关注孩子，尽力安抚孩子的惊恐；然后再向孩子分析犯错的原因，教会他以后该怎么做以避免再犯同样的错。教孩子解决问题，就是在促进孩子成长。孩子独立解决问题的能力越强，他的内心也越强大。

3. 孩子以哭来“绑架”父母，使父母妥协。

父母们一定要注意自己的言行，观察孩子，找出孩子哭的真正原因，从而找到真正能帮助孩子的方法。有时候父母需要“狠心”一些，不能让孩子觉得自己一哭，父母就得“乖乖就范”，一定要避免陷入孩子哭的“圈套”里。借助阅读来帮助孩子进行情绪调整，是改变孩子爱哭、对孩子进行心理疏导的最佳路径。比如故事中，最终让萱发生本质变化的，其实是父母对孩子阅读的陪伴。故事是神奇的，它对孩子的心灵，会起到疗愈的作用。

孩子和父母之间，有时就是一场博弈、一场较量，父母无原则地妥协和粗暴的制止一样，最终都只会害了自己的孩子。

萤火虫对老师说

在处理孩子的问题的时候，老师最忌讳的是简单专制。老师既不能压抑孩子的情绪，但也不能放任孩子的情绪总是随意释放。对于低龄段的学生，老师更要多一份爱心与耐心，用爱、包容以及智慧帮助学生融入校园生活，学会与同学友好相处。

1. 适时让孩子哭一会儿释放一下情绪。

对刚离开父母走进学校的孩子来说，内心的恐惧使得他们总想找到一个释放的出口。这个时候老师切忌简单地制止孩子，可以让孩子先哭一会儿释放一下情绪，再通过生动有趣的课堂吸引孩子的注意力，让孩子融入课堂。

案例中，老师面对哭泣的萱，发现安慰无效后，就选择了让她先哭一会儿，然后等待时机，以选择颜色来吸引萱的注意力。老师的做法不是先从萱开始，而是借助强化大家在印手印时的那种快乐，让萱产生向往和期待。然后老师不是问："你印不印？"而是直接让孩子做出选择："你选红色还是黄色？"又说"颜色宝宝都等不及了，小手伸出来吧！"这时候，孩子的注意力就转移到选色上，而不会继续纠结在"我要不要印"这件事上，自然更愿意马上去找颜色宝宝玩了。

2. **及时和父母沟通，了解孩子的成长环境。**

因为孩子哭的痕迹还在，老师及时和父母沟通，一方面让父母感觉到老师对孩子的关注，让父母放心；一方面可以看一下父母对待孩子问题的态度。老师根据父母的表现来判断他们在教育孩子的身上存在的问题，以便调整自己和父母相处的方式。

3. **指导父母，对父母提出明确要求。**

老师在谈话结束的时候，明确地提出让孩子回去之后干什么；同时，还向萱妈妈暗示了回去之后要关注孩子要做的事情，不要盯着孩子哭过这件事。对孩子和父母来说，这都是一种精神上的解放。

第 2 章

巧妙引导，小气娃变大方

我不给你用

布置带抹布，是开学前给新生父母的一封信里就说到了的。一大早，还是有孩子们忘记了。我告诉大家，同桌或是前后桌，可以互相借一下，先擦桌子准备上课。看着大家纷纷开始行动，我也准备埋头整理讲桌。低头的工夫，我忽然发现坐在靠窗户的一个个子高挑的小姑娘却没动，她就是诺。

诺是个瘦瘦的小姑娘，说话的声音很甜美，衣服总是班里最干净的一个，看上去很机灵的样子。诺报到的时候是妈妈陪着来的，诺妈妈看上去是个很干练的女人，她亲切地拉着我的胳膊，客气地说：“老师，孩子以后请您多费心。”我说：“这是我们应该做的，对每一个孩子，都会一样地用心。”

能感觉得出来，和所有的妈妈一样，诺妈妈对孩子很不放心。交谈中了解到，诺妈妈是全职妈妈，负责在家带孩子做饭，诺爸爸帮人家搞装修，一家人租住在市郊一处民房里。日子不至有多困难，但也不算富裕。可诺妈妈却能把诺收拾得干净利落，丝毫看不出村里孩子的样子来。

此刻，诺的双手规规矩矩地放在桌子上，完全不顾旁边同学的嘈杂。而她的同桌豪，还在不停地东张西望，不时偷偷瞅我一眼。一看就知道，豪这小子是在等抹布。

我就问诺：“诺，你的桌子擦了吗？”“擦了。”诺响亮地回答。

“哦，那豪的还没有擦吧?”我把目光投向豪。豪听见我问他，脸有点红，轻轻地点了点头，没有吭声。

“诺，把你的抹布借给豪用一下。”我开始还以为豪不好意思向诺提出借抹布呢。这时候，意想不到的事情发生了。“老师，我的抹布是新的，我妈妈说，只能擦我的桌子，不能借给别人。”诺回答。

“嗯?”说实话，诺的回答让我一下子愣住了。我瞪大了眼睛盯着诺，期待她或者改变主意，或者再跟我说点什么。诺却丝毫没有被这阵势给“吓住”，她平静地坐在自己的座位上。看诺的样子，她绝对不是故意捣乱。

这时候，孩子们大概也都觉得很奇怪，看看我，再看看诺，然后一个个乖乖地坐了下来。我不知道我的笑容是怎么挤出来的，我只知道当我一边看着诺，一边偶尔环视一下教室的时候，教室里安静极了！但诺还是没动。

这时候，坐在豪前面的妍大概是从我的样子和教室里凝重的氛围中揣摩出了些什么，一边看着我，一边偷偷扭身把自己的抹布递给了豪。豪赶紧擦干净桌子，很乖巧地坐好了。

“妍，你的抹布是不是新的?”我叫起了妍。

“是，我妈妈给我准备的。”妍不知道我要干什么，但是自己借了抹布给豪，所以面对我的问题，她一点也不慌，小脸上甚至还有几分神气。

“哦，那你怎么肯借给豪啊，他会给你弄脏的。”我逗妍。

毕竟是孩子，妍只是笑，并没有回答我的问题。

“妍，你现在回头看看豪的桌子，多么干净啊，豪坐在那里肯定也很舒服，这都是因为你帮助了他！现在告诉我一下，帮助了豪，你心情怎样啊?”

“很高兴。”妍有几分羞涩，但眼神里分明放着光。

“哦，原来帮助了别人，能让自己这么快乐啊！那希望同学们都找机会体会一下这样的快乐！”我对着大家说，“现在，我们就先快快乐乐上这节课吧。”

我调整了一下情绪，先开始上课。诺呢，整节课都表现得很自然，丝毫没有受到这件事情的任何影响。

诺这样的表现，反倒让我整节课都有些心神不宁。我心里暗自感慨：“哎，真是个听话的乖女儿啊！如果妈妈这样教育下去，会是一个怎样的诺出现在大家面前呢？”想到这些，我实在无法当作什么事情也没有发生过。

下课了，我叫住了诺：“诺，是妈妈告诉你不许借抹布给同学的？”“嗯。”诺很认真地使劲冲我点头。

这一次，我有点哭笑不得了。

说实话，当老师这么多年了，像诺这样坦言妈妈不让借东西的，我还是第一次遇到。虽然我知道这不是孩子的错，但还是打定了主意，对这件事情我不能“善罢甘休”。

“那你告诉老师，你觉得妈妈的话对不对？”

“对。”诺一脸无辜地看着我。

“你也会有需要同学帮助的时候，如果大家也不帮你，你会不会难过？”我又问诺。

这一次，诺不说话了，但分明还是很迷茫。我于是选择了暂时放弃，不再“逼问”诺了。

一个故事一首儿歌

下午第一节课，是我的自习。我准备了《我不给你》这个绘本故事走进了教室。我什么都没有说，只是绘声绘色地开始和大家分享这只小狐狸的故事。

故事讲完，我问大家："小狐狸啊小狐狸，什么是你今天最开心的事啊？""是我和朋友们一起玩跳绳，我最喜欢跳绳了。""是我救了我的朋友小熊。"……孩子们的回答五花八门，但是都离不开朋友。

我看了诺一眼，诺的神态不再像之前那么平静和漠然了，我知道，故事开始起作用了。我继续问大家："孩子们，你们和小伙伴在一起的时候，有没有分享过什么？是不是也体会过和小狐狸一样的快乐啊？"

"有，我把我的棒棒糖送给萍一个，她是我的朋友。"胖胖的慧一向是个可爱的孩子，她和萍是邻居，平时在一起玩得比较多。

"我也把我的跳跳豆给慧吃了。"萍也赶紧说。

"我让枫玩我的卡片了，我们一起玩的。"钰也站起来说……

就在大家纷纷讲述自己故事的时候，诺显得有些坐不住了。我趁势说："是啊，和朋友一起分享快乐，快乐就每个人都有一份了，这的确是一件让人幸福的事情啊。就像早晨，妍把抹布借给豪，让豪用上了干净的桌子，豪很快乐，妍也觉得很快乐。那今天回去，就把这个故事讲给自己的爸爸妈妈听，让爸爸妈妈也给你们讲一讲他们和朋友分享快乐的故事吧。"

放学后，我给父母们发了一个校讯通："今天，我和孩子们一起分享了故事《我不给你》。记得让孩子讲给您听一听，然后和孩子交流一下。我想父母们都明白，孩子智商高、成绩好固然重要，但如果他们没有情商，不懂得怎样与人交往、交流，当他们走上社会的时候，这将是一件非常危险的事情。所以希望我们能一起努力，让孩子知道，懂得分享才能享有真正的快乐。"

第二天，我还惦记着诺的事情。一大早，我选择了一个《做好事的小鹿》的儿歌和大家一起来读：

小鹿小鹿乐呵呵，
天天都把好事做。
帮小兔，找萝卜，
小兔奖给花一朵；
帮山羊，拔青草，
山羊奖给花一朵，
小鹿做的好事多，
身上藏满花朵朵。

我让孩子们一边读儿歌，一边和周围的同学表演。

我问孩子们："你们喜欢这只小鹿吗？为什么喜欢她呢？"

孩子们有的说"她喜欢做好事，所以我喜欢她"，有的说"她喜欢帮助别人，所以我喜欢她"，只有诺，还是不吭声。

我干脆叫诺起来，让她把儿歌读了一遍。然后我对诺说："诺啊，你这只小鹿帮助了小兔和山羊，还想去帮助谁呢？"

诺先是一愣，然后呆呆地看着我，没有说话。

我没有继续"难为"诺，而是转头叫了另外一个同学鹏。鹏回答："我要帮小鸟在树上做个窝。"

我赶紧表扬他："小鸟有了你送的窝，就不怕风吹雨打了，一定也奖励你一个花朵朵。"鹏满意地坐下了。

这时候，诺忽然举手，我叫了她的名字。诺说："我要帮老牛拔青草，这样我们就可以喝到牛奶了。"

我没有立刻表扬她，而是问："哦，诺，你是为了让老牛挤奶给你喝才来帮老牛的吗？"

诺被我问得有点发愣，她先是茫然地点了点头，又轻轻地摇了摇头。看到诺这样，我转身问大家："你们觉得，帮助别人是为了从对方那里得到些什么吗？"

“不是。”这声“不是”，孩子们回答得有点没底气。

虽说，这个年龄的孩子还不能这样辩证地看问题吧，但我还是决定，把我想说的话说完，哪怕只为了给这些孩子在心里埋下一粒等待发芽的种子。

“我们付出，不能为了回报。但你们不只想着得到的时候，却一定会得到自己意想不到的东西！”我转头看着妍，“妍，告诉大家，昨天你帮助了豪之后，你得到了什么？”

“我……”妍有点愣。

“妍昨天早上告诉过我们，她帮助了豪之后，心情是很愉快的。这就是妍得到的啊！”

妍脸上的表情，瞬间释然了。大家也都会心地笑了。

其实我知道，孩子们并没有真正理解我说的话里的含义，但是有什么关系呢，这一切美好，终归会在未来的某一天，成为他们的一部分。

大家在一起

诺的事情，还是我心里的一个结，但我知道自己不能贸然找诺妈妈来，我一直在等一个合适的机会。

一天早晨，诺妈妈没有像往常一样送诺来学校，她来向我请假说：“诺把脚崴了，可能需要休息几天。”看她欲言又止的样子，我问她：“还有什么事吗？”“老师，我想能不能麻烦您到时候帮诺补补课啊？”诺妈妈既满怀期待，又有几分不好意思。我说：“你放心吧，我不会让诺落下课的。”她听了我的话，没有再说什么，但分明也带着几分狐疑。

最后一节课，我问孩子们：“诺生病了，你们谁愿意帮诺补课啊？”孩子都显得很兴奋，嘴里喊着：“我！我！”

我又问：“你们谁家和诺家离得近？”其实我知道，蔷和慧就住在诺家隔壁的那个大院里，但是我装作不知道。还好，这两个孩子也举手了，我以离诺家最近为由，安排了她俩。

我对她们说：“你们只负责每天陪诺背诵我们学的儿歌，然后把我们讲的故事给诺讲一遍，让她根据身体的情况来选择是否完成写绘作业。好吗？”我又嘱咐她们一定先回家告诉自己的爸爸妈妈，征得父母的同意。两个孩子冲我点点头，拿起我给诺准备的绘本故事，扭身走了。

第二天一大早，我叫蔷和慧到我办公室，问了诺的情况。她们告诉我，诺的脚肿了，但是心情挺好。诺很喜欢听她们带去的儿歌和故事，诺还托她们带了写绘作业来给我看……

两个孩子七嘴八舌地讲起来，很兴奋。我提醒她们：“咱们班里的同学一定很想知道诺的情况，你们也要给他们讲讲，然后问问他们有什么需要你们捎去给诺的问候没有。”两个孩子欢天喜地地跑出去了。

这天晚上，我分别给蔷和慧的父母打了个电话，向他们表示了感谢。之后，给诺的妈妈打了个电话。我对诺妈妈说：“班里的同学都很想念诺，估计孩子们给诺写的卡片和画的画也应该带给诺了吧？你一定要好好谢谢蔷和慧这两个小姑娘哦。是她们主动要求去帮助诺的，还获得了爸爸妈妈的支持。如果班里所有的爸爸妈妈都能这样通情达理，孩子们都这么懂事，我这个老师就当得越来越幸福了。”电话的那头，诺妈妈连声道谢。但我依然不知道，她是否听出了我话里的含义。

诺来上学了。孩子们都表现得很热情，大家纷纷围着诺，给诺讲这段时间班里发生的那些在我们看起来微不足道的琐事。诺妈妈很感动，我能感觉得出来，诺妈妈看孩子们的眼神，显得很柔和、很温暖。

我趁机说：“你就放心吧，我们这个班级就是一个家，如果诺遇到什么需要帮助的，不光有我，还有这么多孩子呢！”

诺妈妈连连点头。看诺妈妈的神态，我最终没有再提起那块抹布的

事情，我只是乐观地信任着……

之后的一段时间，我还是比较注意观察诺，发觉她和大家相处得越来越融洽的时候，我才慢慢放下心来。因为那是我判断她是否改变的一个重要参照。

萤火虫对父母说

孩子的未来，在很大程度上是受到家庭环境的感染和影响的。有位哲人说过：推动摇篮的手，是推动地球的手。可见在孩子成长过程中，父母，尤其母亲的作用是不容小觑的。

1. 父母对孩子的过度保护，容易让孩子变得自私，不懂得分享。

母亲自然希望最好的东西永远在自己孩子手里。比如案例中的诺妈妈，她给女儿准备了全新的抹布，嘱咐女儿只能自己用，因为给别人用的话，抹布很快会脏。对于尚没有辨别能力的孩子来说，妈妈的这番话会让孩子变得吝啬、自私而不自知。这对孩子尽快适应环境、融入集体是非常不利的。

其实每个孩子都是一张白纸，父母在这张白纸上涂抹下的底色，会成为孩子生命中最重要的部分。作为父母，尤其是独生子女的父母，我们除了在物质上为孩子提供尽可能好的条件之外，更要重视孩子精神的成长。在孩子踏上人生之路的初期，父母首先应该教给孩子的就是分享。

2. 自私的孩子情商低，情商低会降低孩子的幸福感，影响孩子一生的发展。

孩子离开父母，走进校园，除了要学习知识，更重要的是要学习怎样与人交往和沟通，为将来融入社会做好准备。

案例中，诺妈妈这位全职妈妈，在让诺“享受”着自己认为已经很尽力提供的一切的时候，恰恰忽略了诺情商的培养。这会让诺丧失掉拥有更多更好的东西的机会。比如真诚的友谊、温馨的环境，以及由此衍生出来的更多的附加值。一个班级就是一个群体，一个群体会形成一个群体的文化。这个群体中的人在共同的生活过程中，会形成怎样的文化，取决于大家共同的愿景和价值观等因素。一个对别人、对周围世界冷漠的孩子，一个情商严重不足的孩子，一个一心只想着自己的孩子，怎能在群体中立足呢？时间一长，大家必然会与其疏离。这对一个孩子成长的损失，是无法计算的。因为一个被教育成自私的孩子一定不会有美好的未来。

所以，如果父母真正懂得爱自己的孩子，请让孩子学会在保证自身安全的前提下，从力所能及的事情开始，对周围的人、事付出关心和帮助，并从中体会到快乐和幸福！

萤火虫对老师说

老师应当明白，孩子身上有其家庭教育的烙印，孩子表现出来的问题，很多时候并不是孩子自身造成的。所以老师切忌用自己固有的标准对孩子进行简单的衡量判断并作出处理。这样做不仅会让孩子无所适从，更容易激化老师和父母之间的矛盾，给自己的工作带来不必要的麻烦。

1. **处理孩子的问题，老师既要“敏感”，有时又要“迟钝”。**

在课堂上，诺毫无戒备地说出了妈妈的话，说明诺并不认为妈妈的话有什么不妥。或者说，对诺这个年龄的孩子来说，她还没有能力对此进行思考。所以这个时候老师既要“敏感”，即要从孩子的语言中敏锐捕捉到教育的契机；同时又要“迟钝”，即对诺的语言不能立刻进行简单的评价。孩子的成长，由于受到不同环境和经历的影响，他们的表现总是各不相同。老师此刻实际面对的，不是一个孩子，而是一个有教育问题的家庭。家庭的问题，不应该简单由孩子来“买单”。所以老师必须要冷静。

2. **树立榜样，也要避免伤害孩子的自尊。**

老师对妍的表扬，其实是对诺的第一次提醒。面对老师对妍有心而为的表扬，虽然诺没有太大的反应，但实际上这种做法是危险的。这种提醒的危险在于，很有可能让那些敏感的孩子立刻对诺产生一种排斥，为以后诺和整个班级同学的相处，留下隐患。

老师之后选择那些契合的儿歌来触动诺，用故事中的角色作为榜样，这才是上策。比如老师用那些正面的形象来引导诺，诺最终说：“我要帮老牛拔青草，这样我们就可以喝到牛奶了。”甚至最后“我们付出，不能为了回报”这个升华，虽不是此刻最重要的，但依然很必要。

3. **追根溯源，但更要冷静处理。**

诺的问题虽然源自妈妈，但是老师不能贸然找诺的妈妈来“兴师问罪”，一定要冷静。冷处理不是不作为，老师还是要像对待学生一样去积极影响和干预，比如借助班级里其他父母或群体的力量，借助孩子们成长过程中那些美好的故事等。案例中，诺生病时老师安排同学去帮助她，这就是对诺的父母的一种无声的浸润和濡染，一种积极的触动和影响。

第 3 章

共守秘密，小嘎娃能坦诚

这个还挺好玩

第一次见到乐，我就在心里暗想：“这小子，一看就是个不安分的小家伙。”和同龄孩子比起来，乐个子不高，圆扑扑的小脸儿白白净净的，两只黑眼睛忽闪忽闪的，非常有神。

乐是由爸爸妈妈一起送到学校来的，乐爸爸和乐妈妈都是很爽朗的人。乐爸爸穿了一身沾满污渍的工作服，嘴里一直说着：“这小子不听话，老师你多费心啊！”而乐妈妈那身橘黄色的衣服，很容易让人辨别出环卫工人的身份。乐妈妈说话也很干脆：“老师，孩子在家比较惯，以后在学校您就多操心了。”我笑了笑，冲着乐逗他：“是吗？这个小孩儿，有这么淘气？”然后伸手摸了摸他的头。乐也不躲闪，还冲我吐了吐舌头。之后忽然一缩脖子，小手往后一背，拧了一下身子。他那满不在乎的样子惹得我们都笑了起来。

乐对什么都充满了好奇。一个早晨，我因为准备上课的课件，没有进办公室，背着包就直接进了教室。孩子们三三两两的已经到了，我一边和孩子们打了个招呼，一边顺手把书包放在讲桌上，打开了电脑。虽然还没有到上课的时间，但是看到我进来，孩子们都在自己的座位上坐下来，嘈杂的声音瞬间也小了很多。

我没有抬头，但分明感觉到有一双小眼睛一直在盯着我看，而不是像其他同学那样拿出了书包里的书开始看。我不动声色，只是用眼角的余光瞥了一眼，果然被我“逮”到了——是乐！

但奇怪的是，他看的并不是我，而是我的书包。我还是没有吭声，一直等弄好了课件，我才直起身，环视了一下教室。乐触到我的眼神，立刻坐好，把眼睛收回到了手里装模作样翻开的书上。看他那副一本正经的样子，我真想笑。

趁我巡视教室的工夫，乐的目光继续在书和我的包之间“飘移”。我有些纳闷，顺着他的目光看去，我才隐隐明白了些什么。那天我背的书包是蓝色漆皮的，在一侧的背带上，挂着一个小挂件，是用柳绿色的玻璃丝裹在一个玻璃球上编织成的。

这个小挂件是我以前的一个学生送给我的，小姑娘因为曾经从房顶上摔下来过，大脑受到了损伤，上学的时候成绩一直不好，但我对她非常关照。后来小姑娘初中没毕业就参加了工作，就是用各种各样的东西编织手工艺品。这个小挂件，就是她特意编了送给我的新年礼物，我把它挂在了书包的背带上。

眼尖的乐，一定是看到了这个小挂件，才那么魂不守舍的。但是，我没有揭穿他，而是装作若无其事的样子顺手把书包放在了讲桌下的凳子上，开始了这一天的晨诵。

孩子们从入学开始就接触了童谣、儿歌，所以晨诵对他们的吸引力，非常强大。整个早晨，乐似乎已经忘记了我的书包上那个小挂件，参与诵读、互动，非常专注。

下课铃响了，我布置了写绘作业，背起书包准备离开。哪知道乐一下子从座位上蹿出来，跳到我面前拦住了我：“老师，你书包上那是个什么东西啊？让我看看呗！”一边说着话，一边竟然伸出手想去拉我的书包。

臭小子，还惦记着这个事呢！我一边想，一边把书包护住，“严肃”地对他说：“干嘛，想看我的宝贝啊？那是有条件的！”看我这煞有介事的样子，乐“扑哧”一声笑了出来：“老师，你说吧，什么条件我都答应你。”“好吧，这可是你说的啊，条件就是把刚学的儿歌背给我听。”

我真想知道整个早读的时间，这小子到底有没有专注听课。结果还真没让我失望，乐流畅地把早晨学的儿歌一字不差背诵下来了。我也没有食言，装作很小心的样子，“捧”出我的小挂件给他看，还让他摸了摸。

乐并不满足，追着问我：“老师，这是你自己编的吗？”

“不是，是我以前的学生送给我的。”

“是个女生吧？”

“是啊，你为什么这么问？”

“小女生才会编这些东西呢，小男生不会。”

“谁说的啊，小男生一样可以编得很漂亮。我这个学生告诉我，跟她一起学习这个手艺的，就有很多男生呢。”我看着眼前这个个子虽小，却满是“大男子主义”的小男生说。

“那你对他们是不是特别好啊？比对我们还好吗？不然他们怎么编这么好看的东西送给你啊？”乐忽然换了话题。

“不是哦，对他们不如对你们好，因为那时候没有这么多这么好的儿歌陪他们读哦。”

“老师，那我们以后送你更好的礼物！”乐笑眯眯地对我说。

“好啊，那老师可就等着喽！必须是你动手做的，我可不稀罕花钱买的那些哦。”我摸了摸乐的头。

“好啊，老师你就等着吧！”乐一边说，一边跑开了。

拒绝奢侈的礼物

圣诞节眨眼就到了。

对过这些洋节，大家越来越有争议。在我看来，跟那些商业机构制

造商机不同，我们陪孩子们过圣诞节的目的，应该是为了给孩子们打开一条接触西方文化的通道。所以在圣诞节前，我和李老师就开始了积极的筹划。除了圣诞节的故事和诗歌，我们还为每个孩子准备了一份糖果礼包。

本来想在圣诞节前一天，再给孩子们讲圣诞节的来历，讲圣诞老人的故事。可是在圣诞节之前好几天，精明的商家就开始卖所谓的“平安果”了。其实就是用一张礼品纸包一个苹果，卖五块钱一个，稍微大一点的甚至卖八块到十块不等。孩子们不明就里，纷纷买了送老师、送同学。

我看到这种情况，就临时调整了计划，决定先及时制止孩子们购买这些“奢侈”礼品。

是的，我一直觉得这些是奢侈的。我们学校的生源情况比较复杂，百分之八十五的学生是外来务工人员的子女。在这些家庭里，父母多是靠做点小生意或者打零工为生。他们多是在这座城市的边上，租一间小屋生活。还有一部分，是原来城郊的村民，划归城市之后失去了土地，虽然不用租房居住，但生活来源没有了之后，一样变成了需要打工的打工一族。面对这样的家庭出来的孩子们，一个要花去五块钱的苹果，自然是很奢侈的礼品了。

所以我一方面告诉大家，送苹果是只有中国人才有的一种圣诞习俗，因为中国人把西方的这个节日和中国传统的习惯结合了起来。中国人喜欢用谐音来表达祝福，苹果的苹，和平安的平是谐音，所以大家就用送苹果来祝福亲人或者朋友平平安安。另一方面，我和孩子们就礼物的包装问题算了一笔账：苹果的市价是三元到五元一公斤不等。一般一公斤可以买到四五个。一张包装纸两毛到五毛不等，如果自己买来包装，一个苹果包装好最少需要一元两角，最多也就一元八角钱左右。

“呀，老师，那些人也太会赚钱了吧?”听了我这样分析，乐第一个叫了出来。

“是啊，商家都是很聪明的，他们卖的不光是物品，还有自己的智慧呢。”我真不知道这个小家伙的小脑瓜里，还藏着些怎样让我吃惊的秘密。

“那我们也可以去卖这样的苹果吧，肯定就发了！”乐说这话的时候，脸上带着狡黠的笑意，真是让人忍俊不禁。

“好啊。不过如果你卖给同学便宜点，还记得把平安的祝福也一同送上的话，平安夜的时候，圣诞老人一定送你这个懂事的小孩儿很多圣诞礼物的。”我随口说道。

大家都笑了。乐呢？美滋滋地跪在凳子上，盯着我带给大家看的那个“奢侈”苹果，若有所思……

不翼而飞的圣诞礼包

圣诞节前一天，我和李老师最后离开学校，我们把精心准备的糖果包在每个孩子的抽屉里放了一份，还给父母们发了校讯通：“亲爱的爸爸妈妈们，今晚就是平安夜了，这是一个西方的传统节日，如果您爱自己的孩子，请满足他（她）一个愿望，在今晚把他（她）一直想要的那个礼物放在他（她）的枕头下面。为他（她）的童年留一份特别的回忆；也可以以圣诞老人的名义写一封信给他（她），告诉孩子您对他（她）的爱和期待。”

第二天早晨，我早早来到了学校。孩子们都还没有来，我打开课件，顺便打开了《铃儿响叮当》这首经典的圣诞节歌曲。李老师也按捺不住了，随后也进了教室，不住手地整理着教室里的角角落落。李老师还不时朝我使个眼色，会心一笑。

孩子们陆续来了，见到我和李老师，把平时的“老师好”换成了

“老师圣诞节快乐”。我和李老师也与孩子们互相问候。大家像往常一样放书包，掏出书，开始读书。李老师看到大家这样，偷偷对我说：“咱们去办公室吧，一会儿回来他们没准谁就发现了。”我俩离开教室，到了办公室。

果然，不多会儿就有孩子们跑来报告了：“老师，圣诞老人来过咱们班了，我在抽屉里发现了糖果。”大家举着手里的糖果包开心地冲着我和李老师喊着。

“是吗？快给我看看。”我俩佯装惊讶。孩子们像一群小麻雀一样“哄”的一声涌来，又“哄”的一声涌去了。我跟着他们到了教室，坐在讲桌前看着这群叽叽喳喳的小东西们。

上课铃响了，孩子们慢慢安静下来，眼里泛着光彩。我说：“圣诞老人最慈祥了，看到咱们班这群小蜜蜂这么勤奋地汲取营养，这么努力学习知识，就送你们糖果作为奖励了。老师真为你们骄傲。在圣诞老人明年来之前，我们更要加倍努力了啊！”

就在这时候，一个带着哭腔的声音传来：“老师，圣诞老人没有送给我礼物。”

我一抬头，是帅。帅平时也是个调皮的孩子，看大家都有礼物，又听我说圣诞老人送听话的孩子礼物，忍不住了。帅一边说着话，一边眼泪就掉下来了。我一看帅的样子，不像是撒谎，就安慰他：“帅，圣诞老人不会不给你的，你再仔细看看啊，是不是和你捉迷藏，藏在你抽屉的书里面了。”

因为帅这一排是李老师放的，我不敢确定具体的位置。帅把书包拿出来，把抽屉里的书、练习本、魔方等一堆东西全拿出来放在了凳子上，还是没有。我沉不住气了，走过去也帮着翻了一遍，还是没有。

坐在帅身边的乐也开始帮忙，很着急的样子。我又问大家：“是不是圣诞老人一糊涂，放错了地方，你们都看看自己的书包和桌斗，有没有谁那里藏了双份的礼物啊？”因为礼物都放在桌斗最里面，我真以为是李老师放错了。可是孩子们都检查过之后，纷纷把自己的那份礼物摆出来，连连冲我摇头。

我一看晨诵时间马上到了，不能再这样耽误了，就安慰帅：“圣诞老人不会落下任何一个人的，我们先上课吧，一会儿我给圣诞老人打个电话，问一下怎么回事。我估计啊，他知道你喜欢开玩笑，没准儿就想和你捉个迷藏呢。”

看我说得很认真，孩子们也都没有笑，只是半信半疑地看着我。我扫视了全班一圈，因为我自认凭着多年的经验，如果是谁做了“手脚”，一定逃不过我的“法眼”。但是每一个孩子似乎都很镇定，眼神里并无任何惊慌或者游移。因为乐是帅的同桌，我的目光在乐的身上停留了两秒，但同样并未发现任何异常。

下课了，孩子们都到操场上做操去了。我赶紧到办公室找到李老师，跟她讲了这件事的来龙去脉。

李老师说：“会不会是乐？叫他过来问问吧。”

我说：“不会吧？看他很镇定啊！完全不像，别伤到了孩子就不好了。”

李老师说：“是啊，那怎么办呢？”

我们最后决定，先趁班里没人把多包出来的一个糖果包放到帅的书包底下，然后静观其变。

课间操结束，我和李老师回到了办公室，我俩因为糖果丢失的事情，都隐隐带了几分忧虑。

没多会儿，就看见璇和另外两个小姑娘小脸儿通红地跑进了办公室，气喘吁吁地叫起来：“老师，我看见乐吃了一包糖果了，可是他还有一包。”

“别急，慢慢说。”我拉住璇的手说。李老师也抬起头来看着她们。

在孩子们七嘴八舌的讲述中，我和李老师终于明白了事情的缘由。上完操之后，大家在操场上玩。乐忽然从自己兜里掏出一袋糖果向大家

炫耀，引得大家攻击：“早上的时候我们都吃过了，为什么你还有一包啊？”乐显得有些急，辩解说自己上课根本没有吃，现在才拿出来的。可是立刻有人证明：“你说谎，明明上课的时候我就看到你吃了的。”于是一堆人立刻想到了帅丢失的糖果，跑着来向我和李老师告状了。

听大家这么一说，我和李老师会心地笑了。

我告诉孩子们：“你们应该先去看看帅的糖果有没有出现。如果帅的糖果没有丢呢？”“那就是我们冤枉乐了！”机灵的璇立刻回答。然后一堆孩子返身跑走了。

看着孩子们的背影远去了，李老师转头问我：“怎么办？”我说：“不能当着孩子们的面叫乐过来问，放学再说吧。”

中午放学的时候，李老师送学生离校，我偷偷把乐叫到了办公室。

一进办公室，我就把乐的手拉住了：“乐，你知道圣诞老人送帅的糖果包哪里去了吗？”

“我看见帅找到了。”乐回答我，声音很干脆。

“我刚才给圣诞老人打了个电话，他说因为怕帅丢了礼物心里难过，所以才又给了他一包的。之前那包，真的不见了。”我一边说，一边看着乐。

乐忽然皱了皱眉头：“嗯？我也不知道啊？”

嘿，这小子，“反侦查”能力还蛮强的。

“哦，可是，圣诞老人也说了，让我问问乐，说乐就在帅的旁边，肯定知道怎么回事。”我“步步紧逼”。

“我不知道。”乐眨眨眼，丝毫没有显出慌乱。

“哦，我本来也以为是被哪只贪嘴的小耗子拖走了，可是圣诞老人说，就是班里的一只小蜜蜂藏起来了。因为这只小蜜蜂很喜欢这份礼物，想带回家和爸爸妈妈一起分享呢。”我继续“编”故事，乐还是那样淡定的看着我。

“你说，会是哪只小蜜蜂呢？”我又问他。乐这一次没有直接回答我，只是摇了摇头。

“藏起圣诞老人的礼物，是每个喜欢圣诞老人的小孩都愿意做的事情，但是自己的一份可以留着，把别人的也藏起来，就不对了。圣诞老人以后再也不会把礼物送给这样的小孩了。还有，你看帅得不到礼物多难过啊，这个小孩不关心同学，以后真担心他会长成一个坏小孩哦。”我继续暗示。

乐低了低头，又抬起头看了看我，还是没有说话。

“乐，其实每个小孩都喜欢藏自己喜欢的东西。老师小时候就有一个百宝箱，里面都是我藏的宝贝。我还偷偷藏过同桌一块带香味的橡皮呢。不过看同桌丢了橡皮那么伤心，我就还给她了。那之后，没有征得别人的同意，我再也不藏别人的东西了。”我继续诱导乐，乐的头垂得更低了。

“乐，你要是藏了的话，一定不能连老师都瞒着啊。如果不说实话，就变成小偷了。如果现在跟老师说实话，我们都会原谅你的。那份礼物，就当成是奖励你诚实的礼品了。”李老师也走过来，轻轻摸着乐的脑袋。

“而且，我们也不会告诉你爸爸妈妈。你是不是担心他们知道了会打你啊？”我在猜测着乐的顾虑。

乐听了我和李老师的话，忽然点了点头，轻声地说：“是我藏起来了，就在我书包里。”我和李老师长长地舒了一口气。

“那你偷偷把它藏在你的衣服兜里拿过来给我看看，连你自己那份一起。”我担心乐会是因为被我俩追得太急而无奈承认。乐点点头，转身跑出去了。

不一会儿，乐回来了，从上衣兜里掏出两个糖果包。我把两个糖果包放在乐的手心里对他说：“老师说过了，这是作为你勇敢承认错误的礼品，收起来吧。以后不能再这样了，记住没有？”

“我不要了，老师，这是给帅的。”乐声音不高，但是很坚决。

看到乐这样，我和李老师都笑了。我伸手拿过一个糖果包，拆开取出里面的一粒糖果，剥开糖纸，把糖果塞进了乐的嘴里："乐，诚实做人的话，我们每天都会尝到这样的滋味。甜吗？"

乐有点不好意思地笑了，使劲点了点头。

后面的课上，我对全班同学说："老师给圣诞老人打过电话了，是圣诞老人记错了地方，刚刚已经补上了给帅的礼物。"帅很开心地从自己的桌斗里找出了糖果包，大家都笑了。

冰忽然站起来说："老师，圣诞老人是不是就是你和李老师啊？是你们给我们的礼物吧？"

哲站起来，伸着胳膊很严肃地对冰说："有圣诞老人的，我一直想要手表，圣诞老人昨天就给我送来了。不信你看。"

"才没有呢，那是你爸爸妈妈给你买的。"立刻有孩子反驳。

我问大家："你们觉得呢？不如你们自己给圣诞老人打个电话问一问好了！"

孩子们哈哈大笑起来。有的嘴里，还含着没有吃完的糖果。

共同保守的秘密

要不要把这件事告诉乐的父母呢？我和李老师犯了难了。我和李老师对乐承诺了不告诉他父母的，如果说了，就是对乐食言了；可是如果不说，也是不负责任的。毕竟乐身上的这个问题，即使在家里，也需要父母的随时关注，否则以后还可能出现类似的状况。这让我和李老师连续几天都很纠结。

乐的爸爸虽说在我们面前倒也不"护短"，但毕竟中年得子，对乐也是宠爱有加的。唯一让我们不放心的，是他大大咧咧的性格。而乐的妈妈呢，虽然嘴上说让我们对乐管严一点，但不时告诉我们乐在家里怎样懂事乖巧，希望我们多照顾，言下之意就是，“态度可以严格，处理手下留情”。基于对乐父母的性格的了解，以及对可能出现的后果反复预设考虑，我们还是决定告诉乐的妈妈，但不跟乐的爸爸说。

一天下午，我们趁乐妈妈来接他的工夫，找了个借口，让乐和大家去操场上玩一会儿，说让乐妈妈帮个忙整理点东西。在办公室里，我们讲了这件事情的经过。乐妈妈一边听一边笑，一边嘴里还嘟囔着：“这小子！”

看乐妈妈这样的反应，我们比较放心了。我对乐妈妈说：“我们本来跟乐承诺了不告诉你的，但是还是觉得让你知道这件事比较好，有利于你以后对孩子的表现多一些了解。但是你必须做到保密，不能让乐感觉到你已经知道这件事了，不然他会对我们产生不信任，那我们再管理他可就比登天还难了。到时候我们后悔也没用了。”

“这样的事情不是没有发生过啊，你可别不放心上。一旦孩子不信任老师了，这个孩子基本可以确定完了！”李老师在旁边很严肃地对乐妈妈发出“警告”。

乐妈妈连连点头，表示不会让乐知道的，甚至表示暂时不会跟乐爸爸说。之后，乐依旧快乐、自由、率性。我又对乐妈妈追踪了一段时间，询问孩子在家里的动态，确定她是否走漏了“风声”，才终于真正放下了这件事。

萤火虫对父母说

孩子身上表现出来的问题，常常是他们在诱惑面前的一种“不自由”。父母不能以衡量成人的标准随意给孩子下定义。

1. 有了安全感，父母还应当逐步为孩子建立规则意识。

相对很多孩子来说，乐是比较幸运的：妈妈的疼爱让乐有了一个宽松温馨的成长环境，使得他淘气又率性，真实而自然；而乐爸爸对乐的貌似严厉，掩盖不了因为中年得子的喜悦而对乐表现出来的娇纵。这样的家庭环境让乐有足够的安全感，从而表现得自信、自由。这可从案例中，乐盯着老师书包上的一个挂件，都可以提出一串的问题，甚至对待老师的态度，也没有如大多数孩子那样的恐惧和疏离的种种表现，都可以看出来。

但是，父母应当明白，没有规则的自由，容易让孩子养成散漫、骄横的性格。真正的自由，一定是建立在规则上的。案例中，乐面对诱惑的时候，因为没有深化内心的规则对自己的约束，所以他没有很好地控制自己的行为。

2. 孩子出现了问题，父母要不焦、不躁，同时，也不能不在乎。

对低龄段的孩子来说，他们的很多行为无法简单地用对错来判断和衡量，父母要能够透过事件了解孩子，找出问题的根源。处理孩子的问题，父母要冷静、客观，善巧方便。案例中，当乐“拿”了同桌的圣诞礼物之后，母亲很好地配合了老师的处理方法，她选择不揭穿这件事。因为孩子们在犯错之后，其实潜意识里都会有自我惩罚的机制运行。老师已经对此作出了处理，乐妈妈如果不能控制情绪，不能很好地配合老师，很可能会对乐造成严重伤害，甚至激起乐的叛逆或者反感，从此不再说真话。

对于乐妈妈来说，仅仅是不揭穿还不够，妈妈更应该在之后的生活中，有意识地引导乐明白：别人的东西是不可以随便拿的。违反规则的话，要受到惩罚。

萤火虫对老师说

1. 用孩子的眼光看待孩子的问题。

当孩子关注到与课堂无关的事情时，老师应该巧妙地转移孩子的注意力，这就是用孩子的眼光看待孩子的问题。比如乐关注老师书包上的挂件，老师不是要求他专心听讲，而是貌似随意地把书包放在了他看不到的讲桌下面。这样既不伤害孩子，又让孩子的注意力回到了课堂上。作为允许乐看一下挂件的交换条件，老师要求乐背诵晨读的儿歌。老师的做法会让孩子感觉到学习的价值，那就是自己可以借助努力学习，达成自己的愿望。

用孩子的眼光看待孩子的问题，还表现在当乐“拿”了同桌的礼物后，老师和乐的谈话。谈话的前提是不伤害孩子，谈话的过程中老师也是循循善诱，把孩子担心的承认错误之后的后果，逐一帮孩子排解，化解了孩子内心的恐惧。诚实还能得到奖赏（那包糖果），在这种情况下，孩子自然就愿意承认了。老师也履行了自己的承诺，奖励了乐那一包糖果。这对孩子建立起遵守规则的信心，最终养成诚信的品质是很重要的。

2. 以呵护孩子自尊为前提解决问题。

老师最终决定和父母交流，仍然是本着对孩子负责的原则。这个年龄段的孩子，他们身上出现的问题，总是会反复，需要父母和老师不断在具体的事件中强调规则，直至有一天，真正内化为能够有效指导行为的准则。案例中老师和妈妈达成共识，对这件事情进行保密。这样做一方面能够让妈妈更关注孩子的行为，予以有效引导；一方面让孩子不失对老师的信任。

当然，选择告诉妈妈这件事，老师也把自己抛入了一个可能的信任危机中，老师之后一段时间对乐的关注，就是避免出现这样的后果，从而使乐完成对这件事情从被教育到自我教育的平稳过渡。

第 4 章

警惕懂事，听话娃有自我

妈妈讲的故事

博的爸爸妈妈是搞装修的，每天早出晚归，博是他们唯一的女儿。博妈妈声音很温柔，说话轻声细语的。博说话声音很清脆，喜欢用高八度的音调向我汇报她的学习：“老师，我写完作业了。你看！”最后这两个字的声音，一般都要顺着她微微扬起的小脑袋扬得高高的。看博的样子，我总是不由地想起《骄傲的公鸡》里那只爱和别人比美的公鸡来。

博的爸爸和妈妈每天都会一起来送博上学。博站在爸爸驾驶的电动车前面的踏板上，妈妈坐在后面，帮博背着书包。因为工作性质，博的父母的衣服上总是沾满了白色和灰色的泥灰，和被妈妈收拾得干干净净的博形成了鲜明的对比。在学校门口下来之后，博会接过妈妈手里的书包，歪着小脑袋对着爸爸妈妈边挥手边说：“爸爸妈妈再见！”然后稳稳当当地走进学校。如果看到门口值班的老师，她就会停下来，一边敬礼一边问好。看博举止得体的样子，大家都会觉得她是一个教养很好的女孩子。博的作业每次都写得很工整，所有的科任老师都很喜欢她。

有时候博的妈妈自己来学校接博，常会对我讲一些博小时候的事。

博妈妈说：“我们双方父母的年纪都大了，不能给我们看孩子。我们也雇不起保姆。从孩子很小的时候开始，如果幼儿园放假，我们就只好把博放在家里。那时候我们租住在地下室里，博常常一个人待在地下室。博一直都很乖巧，乖巧得让人心疼。我们要是问她自己在家怕不怕，她总是跟我们说：‘不怕，爸爸妈妈放心吧。’等感觉到我们走远

了，她才一个人哭出声来。”虽然时隔多年，但博妈妈说的时候还是会忍不住流下眼泪来。

“博是我和她爸爸带大的，迫于生计，孩子刚够年龄就送到了幼儿园，每天最早送去，最晚一个接回。她在幼儿园从来都不哭闹，似乎懂得我们的不容易，连幼儿园的阿姨都说少见。等博大一些了，看我们总是早出晚归，很辛苦，常常会给我捶捶背、敲敲腿什么的。她还跟我们说：‘妈妈，等我长大了上班挣钱养你们，就不让你们这么辛苦了。’我们本来商量着再要一个孩子的，可是总怕委屈了博。她有时候就跟我们说：‘妈妈，你再生个小妹妹吧，我会帮你哄她玩的。’俺家博说的这些话啊，真是让我们做父母的心疼。”博妈妈很是激动。

我赶紧安慰她：“是啊，你看你家姑娘不仅在家里懂事，从上学以来，就深受大家喜爱呢。她不仅有礼貌，学习也很努力。”

博妈妈连声说：“老师你不知道，博回家第一件事就是写作业，从来不用我们催。从她上幼儿园开始我们就经常教育她：‘你要好好学习，不然以后吃苦受累，还没有好工作。爸爸妈妈还指望你呢。’所以博的学习从来也不用我们操心。现在大一点了，遇上我们赶工回家晚了，她就自己回家。等我们回去的时候，博早早就把作业写完了，还常常自己看书看得趴在书桌上睡着了！”

我听了这些，也很感动，更觉得这个小姑娘可爱了。加上看到博虽然和其他孩子一样刚刚入学，但是写字的姿势，写出来的字的笔画、笔顺，都是非常规范的，这也让我对这个小姑娘，多了几分好感。

一本姗姗来迟的故事书

刚开始试行全班共读的时候，我推荐了一本适合共读的童书，并要求同学们每人买一本。直到共读快开始了，班上还有四个同学的书没有买到，其中就有博。

我问博：“博，怎么书还没有买到啊？”博说：“老师，我已经有了很多书了，爸爸妈妈挣钱不容易，我不能乱花钱。”博的话让我既吃惊又意外，吃惊的是博小小年纪说出这么懂事的话来；意外的是，根据我对博父母的了解，这样爱女儿的父母，他们不应该连一本书也舍不得给孩子买啊！

我知道现在不能对博说太多，我只是告诉她：“博，告诉你妈妈，这本书我们要一起读，一起讨论。如果没有书，那么多精彩的故事，你可就读不到了，只听大家发言，你会跟不上的。”

博冲我点点头，说：“那我回去了再跟我妈妈商量商量吧。”

我明显感觉得到，博的话里并没有表现出对得到这本书有太强烈的渴望。但听她这样乖巧地回答，我又无话可说。

之后的几天，博一直都没有再找我，我也就只好先放下了这件事。直到共读真正开始了，博还没有买书。

看着我们或者分角色读，或者表演读，博的眼神里开始不时流露出羡慕和渴望来。在这种情况下，我就给她妈妈打了个电话，让她抽空到学校找我一趟。为了使谈话的成功率更高一些，我在电话里没有透露半点消息。

博妈妈的确是爱女心切，很快就放下手头的工作，跑到了学校。

“老师，博怎么了？”博妈妈着急地问我。

“没事，今天是我有别的事情找你，博没事。”我赶紧安慰博妈妈。

“哦，我还以为博出什么事了。”博妈妈松了口气。

“不是博的事情，是你的事情。”我很严肃地对博妈妈说，“我们准备共读的书，我已发过校讯通通知了你们的，怎么还没有给孩子买来啊？我们的共读都已经开始了，每次看别人读书、表演，博都很羡慕，你说你这个妈妈是怎么当的啊？”

因为之前沟通比较多，和博妈妈也算很熟悉，我说话就直接了一些。当然，是半开玩笑地对她说的。

“哦，真对不起啊老师，要说俺家这博也真是懂事。上次带她去超市，她选上了本书，还跟我说，‘妈妈，我不要擦脸的香香了，你给我买本书吧’。老师，俺家这博吧，什么事都可为我们这做父母的着想了。回来以后，我心里也挺内疚的，很后悔没有给孩子买这本书。其实买本书吧，也不是买不起，哎，我真后悔没给孩子买下来……”

“那你当时为什么没有给孩子买下来啊，你知道吗，对孩子的阅读投资的价值是无法用价格衡量的?”我截住了博妈妈的话。

博妈妈只顾“晒”女儿的懂事了，却忽略了最重要的事情——买书!

“是啊，我也很后悔。我还说已经交了一部分钱大家一起买书了，够她看上一阵子了。”博妈妈说的那部分钱，是家委会收取之后，由我开出书单，集体购买放在班级图书角的那部分书。听她这么说，我似乎才明白了博妈妈不给孩子买书的真正原因。

“哦，这是两码事。那部分书是大家一起买来轮流读的，每本和每本都不一样，这样做可以让大家花最少的钱读到最多的书。而这本需要人手一册，因为这是一本值得我们一起仔细阅读、讨论的书。这样追求质量的阅读，我们后面会越来越多。我感觉你一直都很关心孩子的成长，很重视孩子的阅读，才决定叫你来说一下这件事的，当然最后买或者不买，还是得由你来决定。”

“好的，老师，我明天就去帮博买。”不知道是不是因为弄明白了其中的原因，博妈妈立刻就答应了。

第二天，博终于有了新书。

值日风波

因为买书这件事，我对博妈妈有了新的认识。对一直表现得很懂事的博，我也多留意了一下。于是，我很快又发现了问题。

这一天轮到博的小组值日了，忽然几个孩子跑来告状：“老师，我们还没有做完值日呢，博就走了。”

“怎么回事啊？”我问他们。

“博妈妈来接她，她扫了一行地就走了。”一向说话慢吞吞的旺，憋红了脸，皱着眉头对我说，一脸的气愤。

“走，我跟你们去看看。”我起身跟着几个孩子，来到了教室里。

刚到教室门口，我就气不打一处来。教室里一片狼藉，凳子倒是都在桌子上了，只不过桌子歪七扭八的，地面上更是烂纸一堆堆，还有几把笤帚可怜兮兮地横卧在讲台前面……

“谁是组长？”我强压住怒火问大家。

“我。”是旺的声音。

“那你怎么分配的任务？”

“豪和杰两个人洒水，我、博和颖三个人每人扫两行，然后一起扫门口，最后倒垃圾。”旺一一指给我看，说得也很清楚。

“那哪行是博扫的啊？这不是还没有洒水吗？”我有点糊涂了。

“是啊，没有洒水，所以博扫的最边上的那行就不干净，我们一会儿还得扫。而且，她才扫了一行就走了。”旺这个小组长，还是很负责的。

“我知道了，博肯定是家里有什么急事，不然阿姨不会着急地接她走的。大家是同学，应该互相帮助。你们先洒水扫地吧，最后记得把桌

子摆放整齐啊。博的事情我们明天再问她。”我稳定了大家的情绪，然后安排大家分工值日，就回到了办公室。本来拿起了电话想打给博妈妈，但我还是放下了。我想，一定是博妈妈有什么急事才会着急带博走的吧！

第二天一大早，我一走进教室，就看见博满眼含泪，可怜巴巴地看着我。我看了看她周围几个孩子，心里也明白了七八分。我没有立刻叫博起来问她为什么，也没有问别的孩子们，而是打开课件，开始我们每天的晨诵。

那天我们选的儿歌是《蚂蚁搬米》：

一只蚂蚁来搬米，
搬来搬去搬不起；
两只蚂蚁来搬米，
身体晃来又晃去；
三只蚂蚁来搬米，
轻轻抬着进洞里。

我先是让大家一个一个来读，然后边表演边读，最后我提议换一个方式来读：“我们从三只蚂蚁开始，然后读两只蚂蚁，再读一只蚂蚁。”于是儿歌就变成了：

三只蚂蚁来搬米，
轻轻抬着进洞里；
两只蚂蚁来搬米，
身体晃来又晃去；
一只蚂蚁来搬米，
搬来搬去搬不起。

大家齐读两遍之后，我又提出了要求：“三只蚂蚁的时候，我们全班读，两只的时候，中间一行同学来读，一只蚂蚁的时候，就贺自己读。”用这样的方法，我又让大家读了两遍，然后我问贺：“说说，这样读有什么感觉？”

“我太伤心了，看着米搬不回家。”贺真是很可爱。

“那你会想什么？”我继续问贺。

“要是有人来帮帮我多好啊。”

“是啊，如果不懂得和大家一起互相帮助，你就会越来越孤单，连一粒米都搬不回家了。”我提醒了一句，又让大家按照原来的诗歌读了两遍。

之后，我又帮大家简单改编了这首儿歌：“一个小孩来扫地，扫来扫去扫不起。”

“两个小孩来扫地……”孩子们没有接住下半句。

“两个小孩来扫地，身体晃来又晃去。”我接着说。

“老师，为什么两个小孩扫地，身体要晃来晃去啊？”有孩子不解地问。

“这么大的教室让两个小孩来洒水扫地的话，你们觉得会怎么样？”我逗大家。

“累死了！”冰的反应总是这么快。

“累死倒不会，但肯定累坏了，估计走路都走不稳了。”看我扶着腰，装作站不稳的样子，孩子们哈哈大笑起来。

“那一组小孩来扫地，会怎么样啊？”我问大家。

“一组小孩来扫地，很快就会扫完了。”旺深有感触，很快接上了话。

“真好啊！我们就把小蚂蚁的搬米歌，改成我们的扫地歌吧。”我这样提议。

“一个小孩来扫地，扫来扫去扫不起；两个小孩来扫地，身体晃来

又晃去。一组小孩来扫地，很快就会扫完了。”孩子们一边笑眯眯地读，一边模仿我刚才的动作，在座位上晃来晃去的。

我偷偷看了看博，她还是那样稳稳地跟着读，不像别的孩子那样反应强烈，但一副若有所思的样子。我知道，对敏感的博来说，她一定会联想到什么。

下课后，我叫博到我办公室，问她：“博，为什么哭啊？”

“旺他们说我不做值日。”博说着，眼泪也流出来了。

“那你做值日了没有？”我想听博自己怎么说。

“我做了，我扫了一行地。”博回答。

“哦，是不是每人扫一行就可以了？”

“不是。”博的声音小了很多，伸手擦了擦眼泪。

“哦，那昨天到底怎么回事啊？”

“我妈妈来接我了，我扫了一行就跟妈妈走了。”

“妈妈接你走是有什么着急的事情吗？”听我这样问，博没有回答，只是摇了摇头。

“哦，那妈妈是不是不知道你昨天值日啊？”

“知道。”

听博这样回答，我知道自己不能再问了。于是，我对博说：“博，妈妈虽然知道你值日，但她一定不知道如果你不和大家一起做的话，大家就不能完成得又快又好了。集体里每一个人都是很重要的呢。共同的任务，就得大家一起完成了一起走，不然剩下的人就会和那只小蚂蚁一样，不能把米搬回家了。你觉得呢？”

博看着我，轻轻点了点头。

“那你回家告诉妈妈，对你们这个小组来说，你很重要，你们每一个人都很重要。如果真的有急事，要先征求大家的同意再走，不能轻易离开，知道吗？”

“好的。”博脆生生地回答。

后来再遇到博的小组值日，我就借故到教室转转。几次都看到博在和大家一起做值日，妈妈站在教室门口等博。

但是，这并没有让我完全放心。

我还是找了个机会对博妈妈说：“博太听话了，将来一定是个孝顺懂事的孩子。不过我担心的是，博这么听话，她就会不停地去揣摩父母或别人的心思，这对孩子来说未必是好事。希望在家里的时候，你们也多关注孩子在想什么。孩子将来总会有自己的生活，如果现在限制和要求太多，那等她独自面对这一切的时候，她判断事物的标准，审视这个世界的视角，都会失去自己的个性。这样的话，孩子的发展会受到限制。”

博妈妈点点头。博以后会怎样呢，很大程度上取决于博妈妈的行动。

萤火虫对父母说

纪伯伦说：“你们的孩子并不是你们的孩子。他们是生命对自身的渴求的孩子。他们借你们而来，却不是因你们而来。尽管他们在你们身边，却不属于你们。你们可以把你们的爱给予他们，却不能给予思想，因为他们有自己的思想……你们可以努力效仿他们，却不可企图让他们像你。因为生命不会倒行，也不会滞留于往昔。”

1. 压力教育要适时、适度，否则最终压抑的是孩子的天性。

博的敏感乖巧，跟爸爸妈妈平时的教育有很大的关系。因为不愿意女儿走自己的路，父母努力让孩子体会到自己工作的艰辛，让女儿体谅自己工作的辛苦，借机激励女儿刻苦学习。懂事的博受到了这样的心理暗示：“爸爸妈妈不容易，我必须听他们的话，为他们争气。”所以对妈妈说的任何话，博都不反对、不抵触、不质疑，久而久之博会觉得让父母安心就是自己努力的原因。父母应该警惕孩子为了迎合父母的好恶，而失去自我，这会导致孩子缺乏对生活清晰的目标和态度。

父母要懂得在生活中寻找乐趣，并把自己的幸福感传递给孩子。父母要让孩子觉得，以快乐的心态做事，就是一个懂得幸福真谛的人。

2. 父母要开阔视野，不要窄化学习的概念。

父母在给孩子买书的事情上，最不应该纠结。一本薄薄的教材，怎么能够满足对故事、对新事物有着强烈渴求的孩子啊！孩子的成长，需要不断借助阅读来进行营养的补充。尤其案例中博这样听话的孩子，一旦遭遇到来自父母的拒绝，他们会选择放弃坚持选择顺从，从而把优秀的可能性彻底扼杀。

另外，父母应该认识到，劳动也是学习。父母应该从小培养孩子热爱劳动的习惯，让孩子在劳动中品尝到成功和收获的喜悦，体会靠劳动获得的成就感。这需要让孩子走出家的小圈子，多参与集体劳动。在集体劳动中，孩子更能体会到用自己的辛勤付出赢得大家信任获得尊严感，从而更好地融入集体。

萤火虫对老师说

教育的终极目标是个人自我教育能力的不断完善。在这个过程中，老师和父母都要认清自己是一个协助者、督促者。老师应该尽力给孩子提供更多的可能性，汇聚更多可以带给孩子营养的东西，帮助孩子走上自我实现的道路。

1. 在了解孩子成长环境的前提下，老师要对父母进行积极引导。

父母之成为父母，都没有经过专业训练。在教育孩子这件事上，老师要对父母进行积极引导。老师一方面要从父母的口中了解孩子，一方面要借助孩子在校的点滴事件观察孩子。当发现孩子遇到需要帮助的事情时，老师应该积极和父母进行沟通。比如博买书的事，很有可能是父母对阅读的重要性认识不够，觉得孩子学好课本就可以了。老师就应当从阅读对孩子成长的重要性方面，对博的父母进行引导，让他们看到阅读的孩子和不阅读的孩子成长的差异。

2. **表现乖巧的孩子往往更脆弱、易受伤，老师在处理这类孩子的问题上，切忌简单轻率。**

比如案例中值日的事情，老师如果看到满地狼藉火冒三丈，在孩子们面前批评博和妈妈，而不是站在体谅和理解的角度，会让其他的孩子们觉得遇事抱怨很正常，而不会首先选择积极想办法处理眼前的事情。这样的话，孩子也不能够体谅别人的感受了。案例中，老师并没有就博提前离开的事情大发雷霆，借机大做文章，而是先带孩子们处理眼前的事情，这样做，对和谐的集体氛围的营造非常重要。

另外，老师在面对孩子之间因为小矛盾而出现的种种问题的时候，只要孩子选择的宣泄情绪的方式不偏激，就要记得给孩子“留白”。对孩子的反应，老师有时候要“事事关心”，有时候则要“视而不见”。这里的“不见”，不是不关注，而是貌似不关注，实则是等待孩子情绪慢慢平静。这之后，老师再选择合适的时机，和孩子进行平等的、深入的交流。

第 5 章

耳濡目染，拘谨娃能舒缓

一个座位引发的冲突

紫妈妈带紫来报到的时候，打扮得花枝招展，近乎夸张，完全不像一个七岁女儿的妈妈，倒像极了一个二十来岁的“潮女”。听李老师说，紫妈妈是李老师的学生，但她带女儿来报到的时候，并没有和李老师很亲热地打招呼。当然，也没有和她应该认识和熟悉的任何一个老师打招呼。

因为紫是个小女孩，所以怎么打扮，也只会让人觉得可爱，并未感觉有任何不妥。和大多数刚刚走进学校的小孩一样，紫略微撅着小嘴儿，脸上几乎看不见笑容。我发现一个秘密：牵着妈妈手的紫喜欢眨眼睛，越是紧张眨得越使劲。从我们安排座位，到发新书，紫妈妈都全程“参与”了。无论我们怎么说，她就是不离开，非要在教室的窗户外看着女儿。

孩子们才上了两天学，紫妈妈就找到学校，对我一番责问：“老师，俺孩子的座位为什么那么靠边啊？经常歪着头看，对眼睛不好！”

“哦，座位是按孩子们个子的高矮排的，但是您放心，我们会定期进行横向调换。紫不会总坐在靠边的一排。”我解释。

“那俺孩子说她同桌总是靠她很近，挤得她都没地方了。你得说说那个孩子。”

“哦，这个我要了解一下。如果真和您说的一样，我一定会提醒他注意的。不过我建议，这样的事情最好交给孩子们自己解决，紫可以自己和那个孩子说，提出抗议。”我真是怕极了父母对孩子的处处包办。

“俺孩子胆小，她不敢。而且她要是说了，那孩子就打她。”

紫妈妈的话让我有点意外，这才几天的时间，就有敢这么造次的小孩了？我便追问了一句：“你确定？紫怎么没有告诉老师啊？”我转身又对紫说：“下次碰到这样的事，一定要告诉老师，记住了吗？”

紫没有看我，下意识地使劲挤了两下眼，顺手撸了下额前的刘海，然后抬头看了看妈妈。

“听见了没有，下次记得告诉老师啊！”紫妈妈扯着女儿的胳膊对着女儿说完，又冲我说，“行了老师，孩子您多费心啊！”她一边说着，一边放开紫的手说，“宝贝，放学妈妈来接你啊。”然后转身走了。

大课间的时候，我把紫叫到了办公室。

我握住紫的小手，轻声说：“紫，每天都是妈妈来接你送你啊？”

紫点了点头，没说话。

“妈妈今天说你同桌总是和你挤座位，是这样的吗？”我又问。

我微笑着看着紫。紫不知道是不是紧张的缘故，又开始使劲眨眼了，她的手本能地缩了一下，但因为一只手被我握着，就用另一只手去撸了撸头发。

“嗯。”紫的声音很轻。

“那你有没有提醒过他？”

“没有。”紫的回答很干脆。

“哦，紫真是个宽容的孩子。不过下次你可以直接提醒他一下，告诉他他影响到你了。或者告诉老师，老师来帮你。好吗？”

“好的。”大约是从我的语气里感觉到了什么吧，紫渐渐放松了戒备。

让紫回到教室之后，我又借机把紫的同桌坤叫到了办公室。坤个子矮矮的，眼睛滴溜溜的，显得很机灵。虽然因为紧张不停地用两只小手绞着自己汗衫的下摆，但我仍能感觉到他一直在努力做出镇定的样子。

到了办公室，我问坤："坤，你是不是欺负紫了？"

"没有。"坤的声音脆脆的。

"我看坤也不像欺负女生的男孩子，那你俩有没有不愉快啊？"

"就是她说我占了她的桌子，让她妈妈来训我了。"坤显得既有点恐惧，又有点委屈。"我不是故意的。"后面这句话说完，坤的眼圈开始泛红了。

"哦，我明白了，紫妈妈也是因为你是男生，怕你欺负了紫。你不会生阿姨的气了吧？"我摸了摸他的头，笑着问。

"没有。"坤边说边冲我摇摇头。

"大家都是同学，应该像好朋友那样在一起，对不对？你要用行动让阿姨放心、让老师放心，好吗？"

"嗯，知道了。"坤一下子轻松了很多，点了点头，出去了。

后来一段时间，我留意了一下紫和坤的状态，发现我可能错了。因为紫其实远不是她妈妈说的那样"好欺负"。我好几次看到坤不小心把胳膊伸到紫的桌子上，紫皱起眉头狠狠地用胳膊肘撞击坤伸过来的胳膊。而坤呢，居然并不计较，缩回胳膊该干嘛就干嘛去了。

紫这样的表现让我很恼火，我觉得自己有一种被骗的感觉。但因为坤都没有说什么，我便决定先不说话。

紫可能看到每次坤都不计较她，慢慢觉得没意思了吧，也就不再表现得那么激愤。之后，他们都没有因为这件事再找过我。

绘画天赋

我平时给孩子们留作业，除了必要的书写训练之外，就只有晨诵配画和写绘了。每次收到孩子们的写绘作品，我都会从内容、主题、色彩、布局、构图等诸多方面尽力寻找孩子的闪光点来评价，给他们画一颗或者几颗红五星作为奖励。慢慢地，孩子们自己偷偷在下面比谁得的星星最多。

紫和大多数孩子一样，也会数一数自己得了几颗星星。但是，紫又和别的孩子不一样，她会羡慕地看着别人讲自己画里的故事，而轮到她来讲的时候，她就会习惯性地眨眼，很少能很流利地讲出来。

我几次提醒紫的妈妈，让她陪紫讲一讲故事，并鼓励孩子给她讲自己画里的故事。紫妈妈每次都答应得好好的，但实际上，我没有看到她按照我的要求来做的痕迹。因为紫妈妈最关注的，总是孩子有没有完成作业，有没有受到欺负，有没有得到老师的表扬。至于能为孩子的成长从物质以外的层面付出些什么，我没有发现紫妈妈对此有过关注。

一次和美术丁老师聊天，他告诉我，紫很有绘画的天赋，她每次美术作业交上来的作品，都让人眼前一亮。丁老师说："我能感觉到，这个孩子在绘画的时候，真的是有思想的。"

尽管以前我也发现，如果把紫的任何一幅作品单独拿来看，无论布局还是色彩，都很不错，但我只认为这是紫的一种天赋，没有觉得这些有她的思考在里面。因为作为晨诵诗歌或者绘本故事的配画，紫的作品内容，还是显得单薄了些，跟故事和诗歌之间的联系，也少了些。

听丁老师这样说，我开始想知道紫的画里，到底有没有思考，又是怎样思考的。

还是那样一个平常的日子。绘本故事讲完了，我安排孩子们给故事配画。当大家都沉浸在写绘之中的时候，紫却反复用橡皮擦去画出来的一个图像。那是一个人的头部轮廓，就那一个圈，她居然修改了四五次。

看她还是没有停下来的意思，我实在忍不住了，问紫："紫，你为什么擦掉啊?"

我不知道是我的情绪掩饰得不够，还是紫出于本能，她被我这一问之后，神色有些紧张。看到紫的反应，我赶紧补了一句赞扬她的话：“我觉得你已经画得够好了！”

这句绝不是谬赞，我的确觉得那个圆已经很到位了。可是紫却不这样认为，她轻声地回答我：“这个比例不好，太靠上了。”边说边用铅笔给我比画着。

听紫这么说，我真的有些吃惊，我不知道她是否真正理解“比例”这个词，但我觉得她表达的意思很明白，就是说那个头像让整个人物太靠上了，距离写绘本的上边太近。这一句话，并联系她之前反复擦去修改那个头像的行为，我懂了丁老师说的紫的思考。

当然，对写绘作品来说，这显然不是我们真正的目的所在。我多希望紫的思考，能用在对故事本身、对自己重新创作故事这点上来啊。但毕竟，这是紫的生命呈现出来的特质，我不能代替她的成长，只能尽力帮助她，为她提供更多的机会。

再遇到紫的妈妈，我这样提议：“美术老师说，紫很有美术方面的天赋，她的绘画作品色彩和构图都很出色。我也发现了这一点，所以你要从这方面多给孩子提供一些发展的空间和机会。不过平时的写绘作业呢，还是要让孩子画故事，画我们在学校读过之后留在她心里的那个故事。”

紫妈妈显得有些兴奋，她回答说：“是吗？嗯，俺孩子可喜欢画了，我觉得画得还挺好看的。老师，紫最近学习怎么样啊？您要多费心啊。哦，对了，俺孩子说她的同学总是借她的水彩笔用，刚买的水彩笔就没水了，您记得帮着问一下……”

我没有办法回答紫妈妈的很多问题，除了点头，只能微笑地看着她。我的目光最终停在了眼前这位妈妈的双手上。我心想：“这双曾经推动摇篮的手，会以怎样的方式推动地球呢？”

奇怪的“作业”

原本以为，这事也就到此为止了。我并未对紫妈妈在紫的教育问题上有所改变抱太多的期待。事实上，紫妈妈对我的话是真的上心了的。

一天早晨，紫交给我她给晨诵诗歌的配画。紫平时交作业的时候，眼睛总是会看着自己的作品，直到交到我手里，眼睛才会从自己的作品上离开，颇有些恋恋不舍的感觉。但这一次，我发现紫先看了看我的眼睛，然后移开目光，习惯性地眨巴着眼睛，撸了一下头发。我觉得有些不对劲，等我接过紫的写绘作品一看，就发现了问题在哪里。

紫平时做写绘作业的时候，喜欢先用铅笔画轮廓，然后大块地涂色，最后用黑色的水彩笔勾边。画面虽然很简单，但是干净清晰。今天交上来的这幅作品，显然是用水彩笔直接画出来的，都是一些线条，没有细致涂过色。尽管画面丰富了，可惜多跟诗歌的内容不搭边，不过是杂乱地堆砌了一些个人想象的东西在上面而已。

其他同学也在交着作业，我没有叫住紫问她什么。下课了，我把紫叫到身边，问她：“紫，这是你画的吗?”

紫没有看我，习惯性地眨着眼，显得有些紧张，但还是点了点头。

我又问她：“紫，这个画可没有你平时的风格，没有你平时画的好，你能告诉我是怎么回事吗?”

紫没有吭声，像在逃避什么似的看着那幅画，不停地眨着眼，嘴巴撅得老高。我看紫的神色，已经猜出了七八分。我试探着继续问她：“姑姑画的?”

紫有一个姑姑，她其实是紫妈妈的妹妹，因为紫妈妈是留家的女儿，所以紫就把小姨叫姑姑了。据说紫的姑姑上的学比紫的妈妈多一些，紫妈妈曾经也跟我说过，平时在家，都是姑姑辅导紫做作业的。开学后的第二次家校交流会，也是紫的姑姑来的。

紫冲着我摇了摇头。“那就一定是妈妈了。为什么让妈妈帮你呢？”我问。

听紫的妈妈说过，紫的父亲在外地工作，一年都回不来一次，只往家捎钱。可是听和紫妈妈一个村的同事说，紫的爸爸其实连钱也不捎的，不过就是不肯离婚，因为他还在惦记着继承紫妈妈家的家产。城中村改造，紫妈妈家里可以分到最少两套拆迁房。

每次想到这些，我都会对紫多几分怜爱。因为家庭环境的影响，紫的成长已经受到了严重的阻碍。比如回答问题，她最多回答出“是什么”，极少能回答出追问的“为什么”。也就是说，紫还没有任何逻辑的概念。

“紫，我前几天才向你妈妈夸过你，说你很有绘画的天赋呢。今天这幅画，哪里比得上你画的好啊！所以以后，都要自己来画，好吗？”紫始终都没有说出为什么会让妈妈帮忙，我也不再逼着问了。

后来见到紫的妈妈时，我还是指出了这件事。紫妈妈略显不自在，对我说：“哦，那天是因为孩子写作业太晚了，我就帮了她一下，大部分都还是她自己画的。俺孩子这些天的作业都能不能完成？学习怎么样啊……”

我隐隐明白了，这位妈妈太好面子了。对外人隐瞒自己老公离家出走不管自己母女的事情；听到孩子写绘内容不够丰富，忍不住出手帮忙；每次见到老师都要问一下孩子的学习……这种种表现也让我觉得，紫妈妈其实也挺不容易的。

我对紫妈妈说：“不管我们怎样努力，都不可能包办孩子的未来，更不能代替孩子生活。孩子总归得有他们自己的世界，得走他们自己的路。孩子的事情，还是让她自己来吧。”紫妈妈似懂非懂地听着，“嗯嗯”地回答我。

叶子的“眼睛”

相信种子，相信岁月，我也相信每一个孩子，包括紫。紫是在一个早晨和太阳一起明亮了我的世界的。

那一天早操做完了，紫忽然拉着我的手说：“老师，我们去看叶子的眼睛。”我忍不住笑了，使劲攥住了紫的小手，跟着她来到了花池边。

花池里的三叶草碧绿碧绿的，一颗颗亮晶晶的露珠在叶面上滚动着。紫指着叶面上的露珠说：“水灵灵，亮晶晶，露珠儿是叶子的眼睛。”

这是我们刚学过的一首小诗《叶子的眼睛》：

山上的早晨，
雾气还迷迷蒙蒙，
阳光就走进森林，
脚步，很轻很轻，
不小心把树叶摇醒。
哇——
水灵灵，亮晶晶，
露珠儿是叶子的眼睛。
眨呀眨的，
好像在说：天亮了，真高兴！

那一刻，我就和诗歌里的露珠儿一样“真高兴”。我说：“是啊，你瞧它眨呀眨的，说什么呢?”“天亮了，真高兴!”紫非常流利地接上了。

孩子们陆续围过来，七嘴八舌地说着：“叶子的眼睛真亮啊！”

有淘气的男生忍不住伸手想去碰那一颗颗的露珠，立刻有人抓住那只伸出来的手，教训着：“你别动，碰掉了叶子的眼睛了！”

“就是，它会疼的。”

不知道是谁带头，孩子们又从头开始背诵起了这首儿歌：“山上的早晨，雾气还迷迷蒙蒙……”

那个早晨，因为紫的这个重大“发现”，操场成了我们小蜜蜂班的这群小蜜蜂的世界，孩子们稚嫩的声音回荡着，引来了大家的驻足。看到有人在看，他们就背诵得更起劲了！

紫呢，脸上一直都带着微笑，她的声音在大家的声音里，一点都不逊色。我注意看了，她没有眨眼，也没有伸手去撸她的头发。

我不知道孩子们的心里，到底在想些什么，又发生着什么。我只知道，有那样一首儿歌，唤醒过一个孩子，诗意了一群孩子和一个美好的清晨……

萤火虫对父母说

没有父母不爱孩子的，但是如何智慧地爱孩子，却是让父母感到困惑和需要学习的。如果方法不当，“爱”就会变成“害”，会给孩子造成终生无法弥补的伤害。

1. 孩子经常受到惊吓，会表现出很多下意识的行为，比如眨眼、手足无措等。

在孩子的成长过程中，我们哪些不经意的行为，无意中伤害了孩子呢？也许作为父母的我们都还没有意识到问题，后果却已经在孩子身上表现得淋漓尽致了。比如案例中，紫爱眨眼睛、撸头发，其实都是为了缓解自己的某种紧张情绪而表现的行为。因为不懂怎样教育孩子，紫妈妈就是大家口中常说的那种对孩子“爱起来爱个死，打起来死里打”的类型。而紫呢，不仅没有建立起规则，原本可以借助自我教育不断建立的规则意识也遭到了巨大的挑战。这种情况如果不改变的话，紫的撸头发、眨眼睛的下意识行为，极有可能演变成一种病态。

2. 在父母的世界里，孩子应该只是一部分。

紫妈妈的情况，的确有些特殊。从紫妈妈把紫送到学校之后的一系列行为中，我们可以看到一个紧张到近乎失态的妈妈的形象。因为在妈妈的世界里，似乎除了女儿，再没有别的更重要的事情了。殊不知，对孩子的过度关注会导致父母自身的焦虑，父母的焦虑又会影响到孩子，从而使孩子经常处于应急的情绪状态，这最终会导致孩子出现精神方面的问题。

作为父母，在每一次家校交流的过程中，我们都应该借机更多地了解孩子在学校的情况，认真听取老师的建议，反思自己在家庭教育中出现的种种问题。案例中，作为母亲的紫妈妈显然没有在不断聆听中试图了解自己的孩子，发现孩子身上的种种问题，并及时调整自己对孩子的方法和态度。

越来越多的事实证明，只有父母自我觉醒了，才可能对孩子进行更好的、更科学的教育。

萤火虫对老师说

每一个孩子都是天使，都需要老师的细心呵护，尤其面对有问题的家庭和因此出现种种问题的孩子。老师不是救世主，无法拯救每一个孩子和每一个家庭，但有没有尽力却是对我们良心的考量。越是这样的家庭，越是这样的母亲和孩子，老师越应当心存悲悯，付出足够的耐心和爱心。

1. 对孩子之间出现的矛盾，老师既要本着公平公正的原则去处理，更要区别对待有特殊问题的孩子。

案例中，紫对同桌的态度，她表现出来了貌似霸道的行为，如果老师只以公平原则简单地批评了事，就错失了一个对紫产生触动的最好的契机。对紫这样的孩子来说，循循善诱比疾风暴雨式的方法，作用更明显。当然，这里并不是说要老师偏袒哪一个孩子，而是建议老师根据具体的问题和孩子的需求，慎重选择处理方式。

2. 发现孩子的长处并不断挖掘，是老师帮助孩子建立自信心和自尊感的有效途径。

孩子的特质不同，所表现出来的优势和天分自然也各不相同。作为老师，我们更多的应该是创造机会，让孩子表现自己，展示出与众不同的那一面。鼓励孩子，让他在不断巩固自信心的基础上，最终找到最适合自己的成长路径。

“诗歌和故事，不是药，而是营养。”因为有了好的营养，案例中的紫才会有了被一颗露珠唤醒的那个瞬间。而当孩子愿意把自己的发现和老师、同学分享的时候，孩子的心灵便开始打开了，信任也便产生了。这时候，老师更应该小心翼翼地呵护孩子稚嫩脆弱的心灵，让他们不受伤害。必要的时候甚至可以用略带夸张的表扬来鼓励孩子、赞美孩子。

第 6 章

帮助成长，自卑娃有自信

童年之殇

然第一次来学校，就是由奶奶送来的。开学好久，我都没见过她爸爸妈妈。即使有什么着急的事情给父母打了电话，最后到的也是然的奶奶，很长时间我都不知道这个家庭的真正状况。后来然的奶奶干脆留下了自己的电话给我，让我们有事直接联系她。

听本村的老师介绍，然的奶奶以前还当过村干部呢。难怪她看起来开朗大气，说话也很干脆，言谈举止颇有几分“侠气”。刚开始，然的奶奶说得最多的话就是：“老师，没事啊，孩子不听话该打就打，我们都不娇惯孩子。”

然似乎胆子很小，从入学到第一学期末，然从来都不举手回答问题。硬是叫她站起来，她就会咬着嘴唇，紧皱着眉头，身子略微显得有些歪。要是正好手里攥了个什么东西，她就会用两只手搅来搅去，不停地摆弄着那个东西。看然的样子，像极了受了委屈的小可怜。即使问她再简单的问题，然也从来不大声回答出来，最多只用连同桌都听不到的声音嘟囔一句。

说然胆子小似乎又不妥。因为一下课，然就像换了个人一样，和大家跑啊跳啊，玩得很开心。那个样子，和上课时候简直判若两人。我也趁她和大家玩得高兴的时候试图靠近她，当其他孩子嘻嘻哈哈地和我打闹游戏的时候，我能感觉得到，然也很渴望和我亲近。但她从来不会主动走到我跟前，只是远远地看着我微笑。然那样的微笑，我在上课的时候从来都不曾看到过。

说然课堂胆小、课外外向也不够公允。比如我们读儿歌和讲故事的时候，然还是会听得很投入，笑得也很开心。每次读儿歌，然就会不自觉地跟着节奏摇头晃脑，眼睛一眨不眨地盯着屏幕，声音也放得很开。甚至我和同学们的互动，她也听得非常专注，从来不走神。

我一度以为，这个时候的然是可以和大家融在一起的，便尝试着叫她起来参与讨论问题。可是让我无奈的是，只要我一点然的名字，她就像从“天堂”跌入了“地狱”，收起笑容，皱起眉头，苦着脸看着我。不论之前怎样投入过，这个时候的然，都像极了一只受到惊吓的小鸟，无奈、无助。但有时候我又觉得，这无助、无奈似乎仍然是表象，或者说是然本能地亮出的“武器”，用来抵御一切让自己感到不安全的“攻击”。而然把老师在任何时候的提问，都当成是“攻击”。

开始，我以为是家庭的问题。因为父母不露面，总是奶奶来接送。虽然奶奶很爱自己的孙女儿，人又干练，足以把然照顾得很周到，但毕竟孩子在这个阶段，父母的陪伴是任何人无法取代的。然的防御性表现得如此强烈，显然是极度缺乏自信、缺乏安全感。我想，要帮助然，必须了解她和她的家庭。于是我约见了然的奶奶。

奶奶一来学校，还没等我张嘴就先道歉：“老师，对不起啊。孩子太不听话了，又给您添麻烦了。”

我心里有些疑惑，问然的奶奶：“然奶奶，您都还不知道我要跟您说什么，为什么先道歉啊？然总是闯祸吗？”

奶奶听我这样问，眼泪居然就来了。我着实被吓了一跳，递给然奶奶一张纸巾，然后听到了一段让人痛心的故事。

然是奶奶的长孙女，奶奶自然视她为掌上明珠。所以在然断奶之后，然的爸爸妈妈乐得轻松，就干脆把女儿抱给了奶奶，两个人“躲”着享清闲去了。下班回来要是高兴，他们也会逗逗女儿，要是不高兴，连看都不怎么看，更谈不上陪伴了。孩子的行为如果让他们稍有不顺心，小两口就没了耐心，甚至会直接抡起巴掌打几下，孩子自然和父母越来越疏远了。

然奶奶说："俺然其实挺懂事的，现在大一些了，每次吃完饭，就会帮我收拾碗筷，还帮我扫地。干净不干净的，孩子总是有份心。然跟我说了：'奶奶，等我长大了，挣钱养你。'"然奶奶说到这里，眼泪又下来了。

"孩子这么懂事，你究竟在担心什么?"我还是想知道奶奶嘴里那个"不听话"到底是什么意思。

"是我害了孩子!"然奶奶一边擦眼泪一边说，"我觉得自己年龄大了，也跟不上形式了，然其实还不够年龄呢，我就把她送进了幼儿园。"

看着然奶奶难过的样子，我非常能体谅老人家的焦灼和痛心。我没有打断她，倒了杯水给她，继续听她讲然的故事。

"然其实是个活泼的孩子，小时候特别好动。因为年龄不够，老师讲什么孩子也听不懂，还经常和小朋友打闹、乱喊。因为园长、老师都跟我挺熟的，而且看孩子年龄小，就不忍心太严厉。实在没法了，就让孩子去教室外头站一会儿。她哪里肯老老实实站着啊，就在楼道里乱跑。有时候让我知道了，我就揍她。最让我难受的是，我越是揍她，她越往我怀里钻，一边哭一边喊着'奶奶，我不敢了，我听话'。我还不敢告诉她爸爸妈妈，他们知道了比我揍得还狠。对孩子，我可是真没办法了，老师。"然奶奶老泪纵横。

我眼前似乎浮现出了孩子在幼儿园的楼道里跑来跑去、在奶奶怀里哭喊的样子。看着眼前的然奶奶，我真不知道该怎样安慰她才好。

"然奶奶，您别难过了。孩子的情况我大概了解了，如果您信任我的话，让我们一起来帮助然吧。"

"谢谢您了老师，您说需要我配合做什么，我都听您的。"然奶奶急切地说。

"我只有一个请求，无论发生什么，请千万别对孩子动手，然从小没跟着父母，太缺乏安全感了。如果再打，这个孩子就毁了。”

“我们也不懂怎么教育孩子，不听话了就只知道打了，以后我再也不对孩子动手了。”然奶奶眼圈红红的，满是歉疚的样子。

疗伤特效“药”

然柔弱的神态，奶奶无助的眼泪，成了我心里的一道伤痕，我开始极度小心着自己对然的言行。“然，以后老师也会努力给你一个让你觉得安全、温暖的世界。”我在心里默默地对然说，也对自己说。

然喜欢读儿歌，喜欢听故事。这我理解，然是感觉自己可以在那个世界里逃避自己所恐惧的东西，找到温暖和安慰。我不仅努力让然沉浸在那个世界里，也努力让然感觉到，我也在那里，我们都在那里。

眨眼间就到了中秋节，我们用一周的时间走过了“月到中秋”的小主题晨诵。其中一首儿歌叫《两只黑猫》：

天上月亮圆，
两只黑猫不睡觉。
一只说，月亮像大饼，
我要把它吃掉。
一只说，月亮那么美，
不许把它吃掉。
要要要，
不要不要不要！

在读最后一句的时候，我问大家：“你们说，这么圆的大‘月饼’，我们要不要把它吃掉啊？”

淘气的男生喊着：“吃掉吃掉吃掉。”

女孩子们马上反驳：“不要不要不要！”

我冲他们笑了笑，说：“第一句我们一起读，同意吃掉它的同学读第二句，不同意吃掉的读第三句。最后两句，也自己选择。”

孩子们兴奋极了，完全沉浸在了儿歌营造的氛围里，包括然。

读了两遍之后，我走到然跟前，装作不在意的样子把手搭在她的肩膀上，对着大家说：“还是小女生好啊，这么乖巧，这么温柔。瞧你们这帮男生，都是馋嘴猫，竟然想把这么美的月亮吃掉！”

我微微低下头，看着然的眼睛说：“对吧？”在我抚住然的肩膀的时候，我感觉她略微紧张了一下，但见我并没有让她站起来，她又放松了一点。看着然脸上挂着刚才读儿歌时的微笑，使劲冲我点了点头，我心里甚是安慰。

但是到了写绘的时候，然忽然像变了一个人。大家纷纷动手了，然还在那里掏不出彩笔和写绘本。

我没有立刻去问她，而是坐在讲桌前，偷偷关注着她。然已经完全没有了刚才读儿歌时的喜悦，眉头又拧在了一起。她一边慢吞吞地继续准备东西，一边不时朝周围的同学看看。这个时候，大家都已经安静下来开始写绘了。

我不知道然是不是怕影响到大家，她忽然停下来，愣愣地盯着旁边的同学发起了呆，神色有些茫然。我故意咳嗽了一声，但为了不惊动她，我没有看然的眼睛，而是低下了头，透过眼角的余光看着然。我看到然从刚才的出神中惊醒过来，重新皱起眉头。当她发现我并没有关注她的时候，她舒了一口气，表情放松了，低头继续准备着这么半天都没有准备好的写绘本、彩笔……

然，你到底在恐惧什么呢？我站起来，从另一边的过道开始巡视。为了不引起然的注意，我没有直接走到她旁边，而是不时在别的同学跟前停下来看一下。走到然跟前的时候，她已经准备好了东西，但是写绘本上，还是一片空白。然手里握着铅笔，眼睛盯着写绘本，再一次皱起了眉头。

“然，你的两只小猫还没回来啊?”我悄悄地问。然抬头看了看我，想笑，但忍住了。

“不能让它们总在外面跑，快让它们回到你的本上来吧!”我指着然的写绘本引导她。然似乎有些为难，低着头不再看我了。

“要不这样吧，我们用月亮饼引出它们来吧!”我继续对然说，“月亮饼在哪里好呢?”

然还是没说话，但是忽然在写绘本的左上角画了一个圆圈。

“嘿，这个月亮饼真香啊，我都馋了呢!”我赶紧鼓励她。然还是没有抬头，但神态比刚才更放松了。

“小猫小猫，你们在哪里啊?可以出来啦!”我想让然继续画下去，然却再也不动了。

我忽然意识到，比起月亮，画一只猫似乎比较难吧?想到这里，我试探着问她：“然，你是不是忘记小猫的样子了?”

果然，然听我这样问，仰起脸看着我，冲我点了点头。

然的神色很是无助，但我能隐隐感觉到她的信任。我忍不住轻轻摸了摸然的头，转身走到电脑前，把晨诵的图片找出来打在大屏幕上。

然终于动笔了。我根本不在乎然的写绘作品里那个古怪的东西到底是不是小猫，我只在乎，然，终于动笔了!

我再看然的时候，她冲我笑了笑。我忽然发现，然笑起来的时候，特别可爱!

寻找回来的世界

中秋节放假前，我们给大家布置的手工作业是用彩泥做月饼。和往常一样，开学那天早晨一到学校，孩子们就兴奋起来了。他们一边把自己的作品摆在桌子上，一边叽叽喳喳地议论着谁做得最好看、谁的作品最有趣……

然也显得很兴奋，不时在座位上扭过来扭过去，时而看看大家，时而摆弄一下自己的作业。

见到我走进教室，孩子们安静下来，坐得端端正正地看着我。确切地说，是看着我手里的相机。孩子们喜欢我给他们拍照，更喜欢我给他们的作品拍照。每次我把照片在电脑上放出来给他们看，还在每一幅作品里找出优点来表扬的时候，他们都会表现得格外的激动，眼神都发亮。

然带来的作品是一组，最显眼的一个彩泥月饼，是由红色、绿色、黄色的彩泥做成的，上面用几粒南瓜籽做装饰，看上去像一朵盛开的花朵。作为底座的彩泥搓揉得很平滑，南瓜籽“花瓣”也摆放得很均匀，看得出，做得很用心。

不过当时我无论如何都不认为是然自己完成的作品。因为每次遇到需要动手的作业的时候，然都很畏惧的样子。面对这个可以算得上很精美的作品，我还是有些怀疑——值得庆幸的是，我当时没有把这怀疑说出来。

中午的时候，然奶奶来接然。我拉住了她，给她讲了这段时间然的变化。我还委婉地提到，然这一次假期的手工作业做得很精美。

然奶奶一边听我说，一边显得很激动，她对我说：“我这段时间不断提醒自己，不能对孩子动手。然现在听话多了。你们这次留的手工作业，孩子一回去就开始琢磨。她跟我说要南瓜籽，我还不知道她想干什么呢，做的时候还偷偷摸摸的不许我们看。结果等她做好了拿出来，你别说，我也觉得还挺好看的。”

“是啊，的确挺好看的。更重要的是，孩子借这件事，培养了自信心。”听然奶奶说到这里，我也觉得很振奋。

日子一天天过去，等我们的晨诵走进“踏叶寻秋”小主题的时候，然第一次举手挑战背诵了。看着然举起的那只小手，我心里暗暗激动了一下。

等到然流利地背下来那首《秋风娃娃》，不只是我，全班同学都不约而同地为然鼓起掌来。然小脸儿涨得通红，一上午都非常精神、非常专注……

这些，我都借助校讯通，及时和然奶奶进行分享，增加她对然的信心。我们一起欣喜地见证着然一点一滴的变化。

“老师，你们买的书都是孩子们爱看的。然现在每天拿着从学校带回家的画书（绘本），读起来可认真了，不会的字就跑来问我。”然奶奶跟我说。我们班级图书馆的书流动起来之后，然从喜欢听故事，转向试着自己读故事了。

“是吗？那您最好陪孩子读第一遍，然后让她自己读。”我趁机对然奶奶提了个小小的建议，因为然的阅读水平，我是了解的，我担心孩子再次在挫败中，失去了兴趣。

“那就是我先给她读一遍，让她自己再读是吗？”爱孙心切的然奶奶，那一刻像极了一个渴望成长的孩子。

“开始的时候，最好这样。这会让然更有安全感，更容易沉浸在故事里。你可以让然把她读的故事，讲给爸爸妈妈听。他们最好不做评价，只要听就好。”对然的父母，我尚不敢提出更多的要求，但我永远不会放弃努力，会一直努力帮助然弥补这个童年的缺憾。

寒假结束的时候，然奶奶手书了一封长达三页的信给我。除了感谢之外，她还讲了然这半年的变化，里面讲到了很多让我读来动容的细节。如果说看到了然的变化让我欣慰，那然奶奶这封信，则让我对这位年逾花甲的奶奶，多了几份敬重和钦佩！

“其实很多时候，孩子不听话只是表象，主要原因是我们成人没有找到孩子最感兴趣的东西让孩子喜欢上。慢慢来吧，然会越来越好的。”我在给然奶奶的回信中写道。

萤火虫对父母说

孩子的成长，并不是一件简单的事情。现在很多年轻的父母，自己都还没有“断乳”，就开始养育孩子了。面对一个幼小的生命，他们常常会束手无策。所以父母在成为父母之前，应该多读一些书，努力去了解生命的秘密，了解一些养育的知识，了解孩子成长中身心发展的特点，做有准备的爸爸妈妈，给予孩子成长过程中生理、心理所需要的营养。

1. 面对孩子的问题，父母不能简单逃避，更不能做“甩手掌柜”，推卸自己的责任。

父母在孩子成长过程中的地位和作用，是任何人都无法替代的，所以父母不能把孩子推给老人就不管不顾了。案例中然的父母把孩子交给奶奶之后，基本处于放手状态。孩子尽管有奶奶的照顾，但母爱和父爱的缺失，却是无法弥补的。

另外，然在母爱缺失、没有足够安全感的前提下进入幼儿园，她用各种外显的行为来“对抗”环境，逐步形成了自己适应环境的一种生存机制。一个“病”孩子的问题就出现了。父母正确的做法是，关注孩子，尽早发现问题，并和老师做好沟通。父母可以选择让然适龄之后再入园，或者配合老师用分组游戏、鼓励表扬等方法，让然在新的环境

中，尽快找到玩伴，获得适应新环境的成就感。

2. 隔辈养育孩子的家庭，父母一定要和长辈“约法”，要用一致的教育理念来管理和教育孩子。

在教育孩子过程中，家庭成员之间产生分歧，应该先避开孩子进行沟通。不能在孩子面前展开“拉锯战”，更不能把情绪宣泄在孩子身上。案例中老师在和然的奶奶进行细节沟通的过程中，发现然的父母属于希望“短、平、快”处理问题的类型。这其实也是很大一部分父母的表现，而孩子成长过程中层出不穷的问题，怎能这样简单处理了之呢？

父母还要尽量选择适合孩子的书陪孩子阅读，共读可以帮助父母和孩子之间建立亲密的亲子关系，构建和孩子之间共同的语言系统，使父母更容易走近孩子，了解孩子的情绪、心理的种种变化，还能逐步使孩子养成阅读的好习惯。

萤火虫对老师说

孩子从出生开始，就打上了家庭教育的烙印。之后进入幼儿园，幼教的影子便也不可磨灭。进入小学之后，老师不仅要做到密切关注孩子当下的表现，更要多了解孩子成长中的独特经历，借以了解孩子的生命秘密，做到有的放矢地对孩子进行帮助和引导。

1. 当孩子被恐惧笼罩的时候，教师千万不能做“帮凶”，而应该尽力帮助或挽救。

童谣和故事，显然是然这个年龄的孩子最好的精神养料。浸润在这些美妙的事物中，然的变化只不过是一个时间的问题。阅读的效果一般没有我们想象和希望的那样快。所以教师必须首先做到信任，“相信种子，相信岁月”。

2. 面对隔代教育中的问题，老师要避免单纯陈述孩子的问题而导致

父母和祖辈之间的矛盾。

类似然这样隔代教育的孩子，老师在和然的奶奶交流的时候，不仅要提供给然的奶奶一些陪伴孙女阅读的方法，还要及时引导然的父母关注孩子。家庭的和谐氛围，是孩子身心发展的沃土，也是一个孩子健康成长的重要前提。

第 7 章

相信奇迹，零分娃能进步

近乎零起点

奇是在学校正式报名结束后才来报到的，而且他的入学测试成绩非常糟糕。奇的表现，让我们都以为他没有上过幼儿园。和奇在一个幼儿园上过学的孩子说，奇几乎每天被罚在教室门口站着。

李老师很早就对我表示过担忧："班里有几个孩子，连字母都不会写，简单的加减法都不会做，以后怎么办啊，一定会拖后腿的。"

我当时还对她说："孩子都有无限发展的可能，不要先入为主，用有色眼镜看他们。咱们的任务就是改变这一切！"

但面对奇的时候，我竟然一度开始怀疑自己说过的话了。

第一节晨诵课，我带孩子们学了一首儿歌《小蜜蜂》。我希望孩子们能够如小蜜蜂一样，辛勤酿蜜，丰盈自己，也甜蜜别人。

也许是因为刚刚到一个陌生的环境，面对一个个陌生的人，孩子们都显得很胆怯，说话也很谨慎。但毕竟是孩子，不多会儿大家熟稔起来之后，大多数都明显放松下来了。

唯独奇一直面无表情。在奇的眼睛里，我甚至连大家都有的恐惧都看不到，那是一双几乎没有生机的眼。一个孩子，可以乖巧，也可以淘气，甚至可以顽劣，但像奇这种漠然背后的秘密，真让人不安。

午读的时间，我给孩子们讲了一个绘本故事《好饿好饿的毛毛虫》。辅导写绘的时候，我特意注意了一下奇，结果还真验证了我的担忧，别人或简单或丰富都在画故事，只有他，画了满满一张纸的五角星。

我问他："你听我给大家讲的故事了吗?"

奇看了我一眼，没吭声。我又问他："老师刚才讲了个什么故事?"他干脆看也不看我了，依旧没吭声。

我看着那满满一页大大小小的五角星，实在无语了。我轻轻摸了摸他的头，他既没有表现出反感，也没有表现出一丝欣喜或者激动。我不知道奇的心里到底在想些什么，他给我的感觉，还是那个词——漠然!

开始写拼音了。其实拼音教学在幼儿园就已经完成了，等孩子们到了一年级，不过是复习规范一下而已。巡视的时候，我才发现，奇根本就跟不上。写字母"*a*"，他竟然会把半圆画成一个方块儿，然后一条竖线下来，就更别提占格之类的要求了。让他站起来读字母，他会瞪着眼睛看着我，无论我怎样引导，就是一言不发，更不用说再让他拼读了。

我不断告诫自己："不急，不急!"硬生生地忍着，没有给他补习，没有让他一遍又一遍地抄写或听写。只是在带大家玩"拼音王国闯关"游戏的时候，有意识地对奇多了一些关注。

没几天，数学老师拎着一张口算卡来找我："你还说不让戴有色眼镜看孩子，看吧，就这个奇，十分钟做了三道口算题。"

我没敢接着李老师的话告诉她，生字验收，奇只认出了 13 个。说心里话，要换做以前，我想也不会想就把他归入"不可救药"的差生行列了。可是，我对李老师说的那句"要相信孩子"的话，真的不是随便说说的。对任何一个孩子，我断不敢轻言放弃。于是我决定从家庭背景入手进一步了解奇，了解这个近乎是零起点的孩子。

原来并非初见

我以最快的速度，约见了奇的父母。奇爸爸应约而来，很准时。当第一眼看到奇爸爸的时候，我就愣住了，心里直感慨："原来是他啊！"

我记得当时这个父亲带孩子来的时候，已经错过了报名的时间，而诸多的报名者中我之所以唯独对这位父亲印象深刻，是有原因的。

当时，这位父亲为给儿子报名走进教导处的时候，我们负责招生的主任很委婉地告诉他，我们的招生工作已经结束了，而且他孩子不属于我们的招生范围。让我们意外之极的是，这个父亲竟然很气愤地皱着眉头，狠狠地扔下来这样几句话："不就上个破学啊，至于报名不报名、时间不时间的啊，你们就给我看着孩子就行了。我也没想让他怎么着。"

我当时还对他说："我们这是学校，不是保育院，怎么能只看着孩子就行了！你要对孩子的未来没有期待，我们还有呢！"然后我不无恐惧地对主任说："有这样的父亲，这个孩子我们可千万别收了，担待不起啊！"我心里想，就凭这位爸爸这让人胆战心惊的凶巴巴的样子，就算他孩子是神童我们也得敬而远之。

一见是这位父亲，我对奇的情况就猜出了七八分，准备好的交流的话我全部放弃了。我只对他说："孩子挺好的，我就是想了解一下孩子在家的情况。还有想请您帮孩子买一本书。"

原本奇爸爸一看是我，也很警觉。听我这样说，他戒备的神态也逐渐松懈下来了。不过，我嘱咐他给孩子买的书他后来也一直没有买来。其实可以理解，当很多同学都已经很顺利借助拼音读儿歌书的时候，奇连书本里简单的字母和拼音都还读不出来。让父母再给他买书，这做法对奇的父母来说，确实有点奢侈，我便也没有强求。

没多久，我召开了新生入学的第一次家校交流会，还特意选择了《爱心树》这个绘本故事和父母们分享。

我对大家说："我相信每一个孩子的父母，都是爱自己的孩子的。但是我想知道，大家真的懂得怎样爱孩子才是对的吗？比如，为孩子营造一个阅读的空间，让孩子爱上阅读，就是其中一种最智慧的爱！虽然我也不敢说自己懂多少，但我非常愿意为了孩子的发展和您携起手来。"

这次交流会，我再次验证了大家经常提到的一句话：“没有人比孩子的父母更爱自己的孩子。”交流会开完后的第二周，我要求买来共读的儿歌书，全班都人手一本了，包括奇。

可我知道，对他来说，买来他也不一定读。我就每天利用父母们接送孩子的时间留住奇妈妈。我最常对奇妈妈说的话就是：“奇今天表现很好。”然后会告诉她奇今天写字写得怎样了，和小朋友玩发生了什么故事，甚至会给奇妈妈讲，奇在做操时候，哪些动作让人觉得很可爱之类的。然后，我试探着告诉奇妈妈该怎样督促孩子读书，建议她给孩子讲睡前故事。

开始的时候，几乎没有什么效果。奇妈妈要么说：“我实在太忙了，没时间。”要么会说：“我家那本故事书我已经给他讲完了，不知道该买什么样的。”

我了解奇父母的忙碌。他们夫妻在我们学校旁边的一个大学食堂，承包了一个小窗口。因为效益也不是很好，就没有雇人帮忙，每天买菜、做饭、卖饭就只有他们两个人。每天卖三顿饭，几乎得一整天都耗在里面。

我没有立刻强求奇妈妈，但我把自己手里几本我觉得适合奇读的书借给她。不知道是不是我这样的举动赢得了奇父母的信任，后来几次奇爸爸来接奇见到我，居然再也不是凶巴巴或者之前戒备的表情了。这让我有几分窃喜。

焦灼处峰回路转

我一直不承认奇有暴力倾向。在刚开学的时候，班里一个小姑娘的妈妈就找到我，想给女儿调一下班。问她为什么，她说幼儿园的时候，自己女儿就和奇是同学，奇总是欺负她女儿。现在一看又和奇到了一个班，姑娘哭着不愿意来上学了。

我好言相劝才安抚住这位妈妈。我对这位妈妈说："放心让孩子待在班里，如果有什么问题，我会帮助你解决的。试一段时间如果你还不满意，我负责帮你调班。"这位妈妈才犹豫着离开。

可是，奇的情况真的不容乐观。有段时间，我接待的"告状人员"嘴里的"肇事者"，几乎一多半都是奇。

课间的时候，他会跟大家跑着玩，但极少说话，他最常用的表达方式就是手脚并用。他想和谁一起玩了，就跑过去踢别人一脚，或者抢走人家的东西，以此引起人家的注意。

那天，我特意选择了一个《爱挠痒痒的章鱼》的绘本故事，想借机提醒奇注意自己和同学相处的方式。可是写绘的时候，奇还是满纸的星星，丝毫没有看到他有受到触动的痕迹。

我还是坚持，坚持带孩子们浸在童谣、儿歌、绘本故事里，但这一切对奇来说效果似乎并不明显。

有一些好心的同事开始劝我："算了吧，你别死心眼儿了。对奇这样的孩子，就得从拼音、生字、词语开始。你天天弄儿歌啊、童谣啊、绘本故事啊，那是给好孩子的，你要这样，最后成绩肯定受影响。"

其实我担心的倒不是成绩的问题，我担心的是在儿童课程方面自己哪里做得还不够到位，所以影响或者限制了孩子们的发展。想到奇，想到那些和奇一样存在不同问题的孩子们，想到我对李老师说的话，想到我对小姑娘母亲的承诺，我开始有些焦虑了。

就在这个时候，我接到去山东新教育榜样教师常丽华老师班级学习的通知。一周的时间，我们在常老师的小蚂蚁班级见证了一群孩子幸福的成长历程。他们那种生命自由舒展的状态，让我羡慕不已！

我心里暗暗想：我的孩子们，也应该过这样的生活！其实，确切地说，每一个孩子，都应该在老师和父母的呵护下过这样的生活！

回来之后，我迫不及待地写下了给学生父母们的第一封信：外出一周的学习，为我带来了巨大的震撼！而我看到和听到的一切，也让我对我们的孩子充满了期待。因为我相信，我们的孩子也可以幸福地享受自己的学习生活，他们这粒小种子，必将在某一天，开出最美的一朵花来。

奇的变化，是从《女巫扫帚排排坐》的绘本故事开始的。想起那一天的情景，至今我都会觉得非常激动。

那天照例是讲完故事之后，让孩子们自由写绘。当我走到奇的跟前的时候，居然发现奇的写绘本上不再是满篇的星星了。那是奇第一次为一个绘本故事画出了三幅画。最让我惊讶的是他画的扫帚，因为是飞起来的，所以还有一个倾斜度。

我问他都画了什么，他看了看我，不说话。后来，我指着那扫帚上的一串圆圈问他："这是什么？"

他告诉我说："毛毛虫。"

我指着圆圈上的一个三角问他："这个呢？"

他说："我。"

我再问他："你和毛毛虫在做什么啊？"

他看了看我，又不说话了！

我没有追问，只是夸了他一句："画得真棒，继续啊，让老师看看你这只毛毛虫一会儿会飞到哪里去。"

我知道，奇内心的表达欲望正在慢慢被唤醒。他终于开始苏醒了！

连续几周，我都在给奇父母的信里讲一讲奇写绘的故事。每天的短信联系，我也总是会单独给他父母发。我真想告诉所有人，奇正慢慢从那个只有五角星的世界，走向一个更丰富的、更美好的世界里呢！

我不厌其烦地给奇的父母发短信，找机会交流，就是希望能够唤醒他的父母，培养孩子的自信心。只有父母开始关注重视孩子了，孩子的自信才能被唤醒；孩子有自信了，才真正有希望！

次第花开

有一些花，是春季开放的；而有一些花，必须等到秋天或者冬天。不管哪一个季节，它终归是会开花的！

奇开始发生惊人的转变了。不仅识字量猛增，他还越来越喜欢跟别人交流了。有一次读课文的时候，他把手举得高高的，我叫了他，他第一次非常流利地把一段课文读了下来。我和大家一起真诚地为他喝彩！他自己也非常兴奋。

下课了，我走到他跟前，摸着他的头说：“你这个棒小孩儿，真让老师惊喜，说说你是怎么做到的。”他说：“妈妈让我读了好几遍。”

在给父母的信里，我跟他们说，越是基础差的孩子，越要把功夫做在课前，尤其要注重预习。奇的爸爸妈妈，终于开始行动了，而行动就一定会有收获！回到办公室，我立刻给奇妈妈发短信表示了祝贺。

可是好景不长，有段时间，我忽然发现奇的神情又开始变得恍惚了。几次见到奇妈妈，她也是匆忙来去。我猜测一定是出了什么问题，就特意给奇妈妈打了个电话，让她来找我。

奇妈妈来了，眼睛是青的，脸上还有一处未愈合的很明显的伤痕。说到奇最近的反常，奇妈妈眼圈红了。原来奇爸爸和奇妈妈因为一件琐事，生气吵架还动了手。那一次，奇妈妈第一次给我详细讲述了奇爸爸的成长经历。也让我对奇爸爸曾经凶巴巴的样子不再恐惧，而彻底变成了同情。我和奇妈妈聊了大约两节课的时间，最后奇妈妈是微笑着跟我告别的。她说一定为了孩子和爱人好好沟通。

“五一”假期结束回到学校，我还在惦记着奇的事情。还没等我找他，他就跑到我跟前告诉我：“老师，我把儿歌的书读完了。”

其实我们班大部分同学上个学期就完成了这个任务，但我还是非常高兴地对他说："你这么棒啊？能不能选一首你最喜欢的背给我听啊？"他居然连续给我背了两首。

后来因为我着急开会，他主动说："老师，那让双检查我吧。"双是奇的同桌，以前经常受奇欺负。

还没等我说话，双竟然愉快地答应了："好吧，我来检查。"

两个孩子蹦蹦跳跳跑去背儿歌的身影，真像两朵跳动的花朵。

后来更不得了的是，我们之后买回来的绘本故事，大都没有拼音，但字数不太多，奇竟然能够做到独立阅读了。

有一次奇拿着一本《月亮你好》跑到我跟前，跟我说："老师，我自己能读下来这个故事。"没等我说话，他就开始埋头读了起来。

看着奇的样子，我打心眼儿里高兴，就随手把娇送给我的一个小笑脸贴在了他脸上。他对我说了谢谢之后，居然还转身对娇说了句："谢谢娇。"

第一学期期末考试，他语文数学都是九十多分，得到了额外的奖励。这真的是给了所有人一份意外的惊喜！

国庆节长假，奇的爸爸妈妈带着奇去了北京，看了升旗仪式，还逛了故宫、长城等景点，奇非常开心。开学还带来了他们一家人拍的照片和大家分享。

照片上的奇，笑得很开心。

萤火虫对父母说

我们每一个人，都是带着"原罪"来到这个世界的。成长中的家庭问题在我们身上的烙印，常常会表现在我们与这个世界以及与周围人关系的"病态"上。而成为父母之后，自己因为童年遭遇而形成的特有性格，会左右自己对待孩子的态度。

1. 父母要有意识地进行自我教育，要努力认识自己、反思自己，进而纠正自己。

奇的问题，不是孩子本身的问题，首先是父母的问题。父母对孩子简单粗暴的态度，使得孩子生活在一个极度缺乏安全感的环境中。这种不安，让奇表现得冷漠、焦虑，这种冷漠和焦虑其实是奇用以保护自己的外壳。父母只有给予孩子更多的温暖和呵护，才能融化孩子的这层外壳。在陪伴孩子成长的过程中，父母不能太情绪化，要以正确的方法表达自己的喜怒哀乐。因为父母的表达方式，就是孩子的榜样，孩子是在简单的模仿过程中形成自己的表达方式的。

2. 父母不能将生活的压力转嫁给孩子。

现代社会的快节奏和生存的压力，使得父母对孩子越来越缺乏耐心，父母陪伴孩子的时间也越来越少了。很多年轻的父母常常忍不住会向孩子当面诉苦："看父母多么不容易，你可要给爸爸妈妈争气啊。"这类话孩子听得多了，性格容易受到影响而变得压抑。

父母正确的做法是合理安排工作和生活的时间，尽可能多地陪伴孩子。因为工作的成功并不能弥补教育孩子的失败。案例中当奇的妈妈从繁忙的工作带来的压力中挣脱出来之后，她忽然发现孩子进步了，体会到了陪伴孩子的幸福。而孩子也在妈妈的关注中慢慢发生着改变，这就是一种积极的影响。

萤火虫对老师说

急功近利不仅不符合教育的规律，更不是教育应该有的状态。成长中遭遇到问题的孩子，更需要老师用一种潜移默化的渐进方式帮助他们。而尤为重要的是，老师为孩子的成长选择了什么。

1. 对成长遇到了阻力的孩子，老师在为其布置作业时忌简单的重复。

案例中，老师如果让奇从枯燥的一遍一遍抄写生字词开始，奇只能对学校的生活和学习更加厌恶和抗拒，这会让问题更加严重。因为简单的重复，没有智力挑战成分的学业只能是一种负担，只能阻碍孩子的智力发展。

2. 遇到问题，老师要追根溯源了解原因，从而采取相应的措施。

面对奇的问题，老师要找到根源；面对父母的不配合，老师要采取的方式不是对峙，而是引导和帮助。奇的父母迫于生计，终日忙碌，忽略了奇的成长问题。要让他们认识到孩子成长对一个家庭的重要性，引导他们关注孩子，陪伴和帮助孩子。

3. 以细致的家庭作业引导亲子关系的改善，帮孩子营造良好的家庭教育氛围。

案例中，老师在假期开始的时候，布置了明确的作业内容，甚至安排好进度，便于父母督促孩子的时候有据可依，其中不乏需要父母陪孩子一起完成的内容。这些都让奇渐渐体会到了家庭的温暖和幸福，并从父母那里获得安全感。假期之后返校，奇可以自己背儿歌、读故事了。这就是进步。当然，老师还是清晰地认识到了这只是一个开始，之后仍及时分享奇的成长细节，并对奇的父母描述奇返校之后的种种表现，以此促进父母对孩子的关注，这些都是很重要的。

第 8 章

略施援手，厉害娃也温柔

我们要换班

分班的名单，都已经张贴在了教室门口，爸爸妈妈们带着孩子找到自己的名字，孩子们陆续进入了教室。

就在这个时候，一个眉头紧锁的妈妈找到了教导处，跟我请求：“老师，我想给我们妞儿调一个班。”

我问她：“班都已经分好了，能告诉我为什么想调吗？”

“俺妞儿哭着不愿意到这个班，因为又和那个叫奇的小男孩儿分到一个班了。在幼儿园的时候那孩子就老是打她，俺妞儿见到他就怕。”妈妈一脸无奈。

听这位妈妈说着，我脑海里浮现出一个楚楚可怜的小姑娘的形象来，白白净净、柔柔弱弱的。一个淘气的小男孩儿想靠近她，可是小姑娘高傲得像个小公主，于是小男孩儿就忍不住动手，想引起她的注意。然后小姑娘就立刻梨花带雨了……

看着眼前这位神态焦急的妈妈，我无法跟她说，那只是孩子之间的恶作剧，或者根本就是一种表达友好的不恰当方式。我只能对她说：“首先，班已经分好了，你现在要求调换，不管是什么原因，我都会认为你不够信任我。其次，你要知道，今天你可以帮助孩子换个班，明天甚至可以帮孩子选一个工作，但是，你能代替孩子经历她成长必须经历的所有事情吗？父母如果总是替孩子安排这个安排那个，这是在教孩子逃避现实。这对孩子的成长没有一点好处。如果你相信我，把这些交给

我吧。事情也许根本没你想的那么糟糕。”

这位妈妈听我这样说，有点不好意思了。她赶紧解释：“老师您别误会，我没有不信任您的意思，我真的是怕了那个孩子了。他父母也不管他，我真怕他不知道轻重把俺妞儿给打坏了。”

“那你更应该教给孩子怎样保护自己，而不是选择逃避。你得帮孩子分析为什么这个小男孩总是打她而不是别人，确定他是否真的有恶意。然后告诉孩子遇到这样的情况，可以主动和对方交流，自己试着去解决。如果不行，求助老师，老师会帮助她的。”我态度很坚决。

“好吧。”这位妈妈半信半疑，但还是听了我的劝告转身出去了。

来到教室的时候，孩子们大都已经找了个位置坐好了。有几位妈妈还在孩子身边，一边帮孩子收拾东西，一边不时嘱咐着什么。其中，就有刚才这位妈妈，她身边还站着一个大约三岁左右的小男孩。小男孩倒也乖巧，看着一堆堆的人也不哭闹，只是紧紧拉着妈妈的衣角。后来我知道了，那是小姑娘的弟弟。

再看她身边的小姑娘，和我想象的略有不同。她扎着一对马尾辫，两只眼睛很大，但因为刚刚哭过，眼圈红红的。看到我进来，这位妈妈冲我笑了笑，显得有点无奈，转身出去了。小姑娘则一脸委屈，撇着嘴看着我。

我看了小姑娘一眼，然后扫视了一下全班。妈妈们都退出去了，孩子们有的看着我，有的眼睛盯着我前面的桌子。尽管他们都在努力，但都掩饰不住心里的紧张和恐惧。

我冲着大家笑了笑，然后做出非常认真的样子问他们：“是老师来了，又不是老虎来了，你们这群小家伙，怎么连笑都不会了？”

大家听我这样说，都笑了起来，教室里的紧张气氛缓和了很多。我看了一眼那个眼睛哭红了的小姑娘，她也微微露出了笑意。

初识“巾帼风采”

这个小姑娘的名字叫璇。璇看上去很柔弱，说话像怕吓着谁一样，总是轻声细气的，这些都和我想象中一样。可是，这也不全是真相。她要是生起气来，也蛮有一股“刁蛮公主”的气势。

那是开学初，我带着孩子们把认读拼音和识字的任务，整合进了一个小主题——漫步拼音王国。没有枯燥的认读、识记、抄写、背诵、听写，有的只是不断出现的惊奇故事。我带孩子们在“声母城”“韵母城”“整体认读音节城”历险，让孩子们给“声母城”的字母宝宝到“韵母城”找朋友，然后找到它们对应的生字宝宝。如果找对了，就拼读出来；找错了，就被罚下一轮不能参加游戏。孩子们兴致很高，玩得不亦乐乎。

璇的同桌是一个叫阳的小男孩，憨憨的。因为从老家来跟在父母身边的时间还不长，只上了半年幼儿园；所以阳对拼音的掌握不是很好，做起游戏来，就显得有些慢。

璇看到大家都找得又快又对，就有些着急了，冲着阳喊起来：“你怎么这么笨啊，就不能快点啊！”

璇喊这些话的时候，小脸儿涨得通红，歪着小脑袋，仰着下巴斜着眼看着阳，满脸的气愤和懊恼。阳呢，倒也不和她吵，不知道是真的没有生气，还是觉得自己拖了后腿对璇有些歉意，他就只是有几分尴尬地微笑着，看看书，看看璇，再看看周围的同学。那是我第一次领教了这个小姑娘的厉害。

下课了，我把璇叫到讲桌前面。我问璇：“上课玩游戏，开心吗？”

她开始还有些拘谨，听我问到上课时的游戏，立刻变得有些激动，对我诉起苦来："就是那个阳，他太笨了，找起来那么慢。"

她的脸涨得通红，一边说，一边还斜着眼扭着身子搜寻阳的身影。

我用双手扶住她的两条胳膊，让她扭着的身子正对着我，然后看着她的眼睛对她说："璇，每个人和每个人都是不一样的。阳在这个游戏中慢了一点，但是不代表他在别的方面不比别人棒啊？只是我们还没有发现而已。大家是同学，如果谁遇到了困难，大家都要帮助他，而不是嘲笑他、指责他，对吗？"

璇听我这样说，脸色缓和了下来，似乎有点不好意思了，看了看我，点点头。我用手撸了撸她的一个马尾辫，对她说："那你去把今天的游戏陪着阳再玩一遍吧，像老师带着你们玩那样。等你俩配合得越来越好了，可以和别的小组比一比，我相信有你的帮助，你和阳一定会赢的。"

璇听了我的话，使劲点点头，跑出去找阳了。

我还是想知道，她会用什么样的办法把阳找回来，就站在窗口看着她。

阳正和一帮小伙伴在花池边玩捉迷藏。璇径直走到阳跟前，板着脸叫他："你别玩了，刚才的游戏，你都还跟不上呢，现在赶紧回去和我练习。"

阳看了看她，没有回答，转身想跑。

哪知道璇一把抓住阳的胳膊，开始教训他了："都是因为你我们才没有赢，现在你必须跟我回去练习。不然我不和你一组了。"

这时候，正好有和阳一起做游戏的小伙伴过来拉阳，被璇一把拦住了，她冲着人家说："不许拉他玩了，他刚才的拼音国都还没有过关呢。"然后头也不回，拽着阳的胳膊就朝教室走。

我看他们快进教室了，赶紧从后门出去了，心里想："还真没看出来，这个说话轻声细气的女孩，居然是这么厉害一个小姑娘！"

再见到璇妈妈，我告诉她："你放心你家的妞儿吧，她不会轻易受欺负的。她不欺负别人就很好了！”

璇妈妈笑了，对我说：“俺家妞儿看着厉害，其实胆子挺小的，又爱哭，老师您多费心吧。”

“放心吧，不只你家妞儿，每一个来到这个班级的孩子，我都会用心照顾的。”其实，哪一个老师不是这样呢！

伶俐的小诗人

璇的厉害，远远不止这些。有时候璇站起来回答问题，常常会说出一些让人瞠目结舌的答案来，让你不得不佩服她思维的敏捷。

为了让孩子们养成观察生活、记录生活的习惯，我给他们讲了绘本故事《蚯蚓的日记》。

当我讲到蚯蚓对遇到的第一只蚂蚁问“早安”，后来发现队伍里还有六百只蚂蚁，于是蚯蚓在那里站了一整天问大家“早安”的时候，这个机灵的小姑娘忽然把手举得高高的喊我：“老师，老师！”

开始的时候，我不知道她要干什么，就让她站起来。她因为着急，竟略带口吃：“老，老师，这只蚯蚓也真是的，它就不能加个们啊！蚂蚁们，早安！不就不用在那里站一整天了啊。”

孩子们纷纷响应：“就是啊，太笨了！”

我于是逗他们：“我想，因为这个故事是个外国人写的，他们可不知道我们中国的汉字这么厉害呢，不过加一个小小的‘们’字，就解决了这么严重的一个问题。不如今天回去，你们给这只蚯蚓写封信，教给它这个办法吧，省得它下次还傻傻地站上一整天。好吗？”

璇听我这样说，还不罢休：“老师，它不会用‘们’的话，可以说，‘嘿，大家早上好啊’，不是也行吗！”

“嗯嗯嗯，璇真是太厉害了！那你连这个办法，也一并写信告诉这只蚯蚓吧。”我忍不住称赞她。

第二天早晨，璇并没有把我安排她写的信拿给我，我心里隐隐有些失望。倒是班里别的孩子，好几个都记录了璇帮助小蚯蚓想办法打招呼这件事。

下午的时候，我拉住了璇妈妈，给她讲了这个事情。我问璇妈妈：“孩子回家没有给你讲课上的故事吗？我让她回去给蚯蚓写信的，按说她最有话说啊，可是今天她一个字也没有写给我。”

璇妈妈说：“俺家这个妞儿啊，嘴比手快，一说写就害怕！她只给我讲了你表扬她的事，没有说让她回家写什么。”

听璇妈妈这样说，我大概知道璇的问题了。我告诉璇妈妈：“我希望你帮助璇完成这件事，因为这对璇很重要。你回去让她口述，你来帮她写。孩子怎么说你就怎么写，不要纠正她，更不要批评她。”璇妈妈答应了。

璇那封写给小蚯蚓的信，最终我还是没有看到。但是我相信了璇妈妈说的，她已经帮助璇写到日记里了。因为从那以后，璇写日记的热情可高了。

国庆节长假后回到学校，璇妈妈在回复我的信里这样写道：“假期带着孩子回老家收秋了。璇每天早晨读课文，还坚持练字。那天和哥哥一起在地里逮了一只小刺猬，兴奋地对着我说，回去就把小刺猬写进自己的日记里。现在帮女儿记录她的生活，已经成了我的一种乐趣了。不过我还是希望有一天，她能自己写。以前一直担心孩子不喜欢上学，这下真的放心了。”

璇的小手还是有些跟不上她的小脑瓜。一天，她忽然跑过来央求我：“老师，我写了一首诗，你帮我记录下来吧。”

我由衷地赞美她：“真的吗？很乐意为这位小诗人效劳呢。”

我于是打开电脑，记录下璇的诗——《雾》。

雾是什么呢？
是云散了吗？
是土飞起来了吗？
我想啊，肯定是云散了。
云散了，才会有这么多的白花。

我对璇妈妈说：“千万不要着急，孩子自己书写的那一天，不会太远的。到那一天，你就是想帮着女儿写，女儿都不肯了。”

是啊，谁能读得懂成长的秘密呢。在我们的“海洋儿歌”小主题结束的时候，璇第一个背诵完了我们所有读过的海洋儿歌。

璇妈妈说：“我们妞儿每天回家第一件事就是背儿歌。周末还缠着我带她去书店买了好多关于海洋动物的书，我现在觉得我可傻了，都不如孩子懂得多了。讲起那些鱼啊虾啊螃蟹啊，俺家妞儿一套一套的。”听得出来，璇妈妈还是蛮自豪的。

结束仪式上，捧着我特意为她设计的奖状站在讲台上，璇的小脸儿又涨红了……

一个好姐姐

璇妈妈说，璇是个厉害姐姐。璇上学以后，回家总会给弟弟讲故事，弟弟对璇就更崇拜了。凭我对璇的了解，我可以想象得出来璇在弟弟面前的神气劲儿。但实际上，璇不只是神气，对弟弟更是照顾有加，颇有大姐姐的“范儿”。

三月份，我们“萤火虫家委会”参加了少年宫组织的“小壁林庄”植树活动，璇妈妈带着璇和璇的弟弟一起报了名。璇弟弟才三四岁，一路上居然不吵闹，也不淘气，只是特别黏姐姐。对很多孩子而言，自己玩都玩不够，带这么个“小尾巴”，早就不耐烦了。可是璇一点都没有，她一路拉着弟弟的手，还不时提醒弟弟小心。

在车上，孩子们分组比赛，轮流背诵学过的儿歌。璇拉着弟弟也一起参加进来了，更好玩的是，璇弟弟背的竟然是一首《懒人读书歌》：

春天不是读书天，夏日炎炎正好眠，
待到秋来冬又到，收起书包好过年，
懒人四季不读书，没有学问真可怜。

虽然璇弟弟把最后一句“真可怜”背成了“真可年”，大家还是给这个机灵可爱的小男孩儿送上了热烈的掌声。

璇妈妈很骄傲，偷偷跟我说：“这都是俺妞儿教俺家儿子的。这段时间，俺妞儿每天上学走之前，都要把弟弟叫起来。她对弟弟说，‘快起来让妈妈给你读书吧，没有学问的人最可怜了’。俺儿子也挺听姐姐的话，会写不会写的，每天拿个本子乱画。这些儿歌，都是俺妞儿一遍一遍教会的。俺妞儿每天放学回来，不是让弟弟坐下给她当学生听她讲故事，就是背儿歌。”

我趁机对她说：“你怎么这么有本事啊，教出来这么好的两个孩子。我觉得你真应该每天都把孩子们这些好玩的事记录下来，等有一天他们长大了，再和他们一起回忆发生过的这些事，那该多美好啊！”

璇妈妈若有所思地点了点头。

到了目的地，因为工具不够，大家只好轮流来挖土，抱树苗，填土。抱树苗的时候，璇先递给弟弟一棵小的，然后自己抱起几棵一起到挖好的坑边。她怕树枝扎到了弟弟，不时提醒弟弟：“慢点啊。”轮到填土了，她先把铁锹递给弟弟，说：“你先来吧。”然后指挥弟弟：“你不用把土撮起来，往前推到坑里就可以了。”然后她自己才开始填土。这一幕不仅让我，也让在场的很多父母们觉得很感动。

因为孩子们玩得都很尽兴，回来的路上又累又饿。妈妈们掏出带着的零食给大家分了分，好多孩子迫不及待地打开吃起来。

璇也打开了一小袋饼干，但在她正准备往嘴里放的时候，忽然想起了什么，转身把手里的饼干递给了坐在自己身边的弟弟，然后才又拿起一块吃起来。

璇是个细腻的孩子，这样的孩子都有一颗敏感的心。我无法断言这敏感于璇来说，是好还是不好，我只知道，她如一株小苗儿，正在努力地成长着……

萤火虫对父母说

为什么有些孩子在父母面前胆小、怯懦，而在同学面前却表现得有些刁蛮和强悍呢？父母对孩子的过度保护会让孩子形成压力，从而表现出某些矛盾的性格特点。

1. 孩子被父母剥夺了探索的机会，会变得胆小、怯懦。

对大多数独生子女家庭来说，孩子的成长因为少了兄弟姐妹相处的经历而变得自私、任性，这已经成为了一种越来越严重的问题。案例中的家庭无疑是幸福的。有两个孩子的家庭，其实已经为孩子探索与他人的共处关系提供了很好的机会。遗憾的是璇妈妈在璇遇到比较“霸道”的同伴的时候，还是出面干涉，这其实剥夺了璇成长的权利和机会，这种做法并不妥当。父母正确的做法是，提供几种可能的选择，分析每一种选择会出现的结果，然后让孩子自己决定用哪种方法解决。

案例中的璇或许外表给了人一种我见尤怜的感觉，而且说话的声音很温柔。但事实上，她反应极快，思维和语言的发展远优于身体其他技能的发展。所以面对一起游戏的同学，她会表现得很急躁，觉得对方没

有合上自己的节拍。父母要做的，就是留意孩子的行为细节，充分给予孩子各种实践机会。

2. 多孩家庭，父母切忌顾此失彼。

曾经看到过一篇文章，讲的是一个美国儿童关于“孔融让梨”这个故事的不同做法及评论，从中很明显感觉到中外教育的差异。中国传统的教育就是让孩子懂得分享和谦让，哪怕压抑自己的欲望。国外教育更注重的是让孩子表达自己真实的想法，形成个性化的做事风格。

案例中，璇作为家里的长女，平时妈妈也会要求她多照顾弟弟，带弟弟玩。这让璇觉得，照顾弟弟是自己分内的一件事情，自己应该努力做好。比如出行时，她准备吃饼干，忽然先给弟弟递上一块。这说明在璇的心里，她正在慢慢把照顾弟弟当成一种习惯。这是父母平时的教育慢慢内化为璇的自我教育的一种表现。

但父母要注意的是，对两个孩子的教导和引领，应该同步进行。比如要求璇照顾弟弟，同时应该要求弟弟也体谅姐姐，这样姐姐觉得父母对每个孩子都是一样的，不会有失落的情绪。而弟弟也会懂得自己不应该只是接受，也要懂得付出。

萤火虫对老师说

老师和父母，是因为孩子联系在一起的。任何一方出现问题的时候，老师首先要明白父母的苦心，同时也要让父母了解自己的苦衷。老师和父母之间坦诚最重要。老师切忌带着情绪来处理孩子之间的问题。生命是极其复杂的存在，老师的一个不慎，可能会摧毁和孩子之间的信任关系，最终毁掉孩子的自尊。

1. 老师的任何决定，都要以有利于孩子的成长为前提，以此取得父母的信任和支持。

案例中，面对璇妈妈提出的换班要求，老师不是简单拒绝或者安抚，而是把自己可能因此而出现的感受直接说出来，让双方借这样的坦诚建立基本的信任关系。然后，老师从孩子成长的角度告诉这位母亲，老师的感受是其次的，重要的是这样的决定对孩子成长不利。其实父母最重视的是自己孩子的成长。最后当老师表示这些事情她可以帮助处理的时候，母亲便无话可说了。

在整个过程中，老师的态度要不卑不亢，要让父母觉得自己的要求的确有考虑不周的地方，并且对孩子没有好处。这样父母也就能够理解并支持老师的决定了。

2. **对于孩子之间的争执，老师要帮助孩子找到正确的处理方法。**

当璇和阳之间因为游戏发生冲突的时候，老师也发现了璇的表现和妈妈的描述不吻合。这个时候，尤其对低段的孩子来说，他们从老师这里得到安全感是非常重要的。所以老师不是简单批评或者指出孩子行为的对错，而是告诉孩子应该怎样去做。很多时候，孩子们不是故意犯错，而是他们根本不知道什么才是正确的。

3. **呵护孩子的积极性，防止孩子语言及思维发展受到阻碍。**

璇的动手能力明显赶不上思维和语言的发展，这也是这个年龄阶段的孩子的一个普遍性特点。所以当孩子的表达欲望在家里得不到满足的时候（自己的诗妈妈没理睬、没记录），老师要适时补位，帮助孩子记录成长中的点点滴滴，并给予孩子鼓励和表扬，帮孩子树立起自信心。孩子长期处于表达受阻的状态中，会严重影响孩子思维和语言的发展。新教育读写绘儿童课程倡导，让父母帮助孩子记录，在孩子思维和语言表达高峰期给予充分的自由。

第 9 章

家校携手，机灵娃更大气

我要公平

孩子们的报名表上，我唯独认不出“赟”这个字。又能“文”，又能“武”，还有“钱（贝）”，这到底是什么字呢？后来还是查字典才知道这个字读音是“yūn”。

在分享自己名字故事的那节课上，这个叫赟的小男孩儿也分享了他名字的故事。他说：“我爸爸妈妈给我起这个名字，是希望我文武双全，还能有很多钱。”果然，可怜天下父母心啊！

看着眼前这个男孩儿，我努力想象着他在襁褓中的样子。在同龄的孩子里，赟属于个子矮、身材瘦小的那部分了。但看上去赟鬼灵精怪的，小眼睛、单眼皮，眼神里却透着一种狡黠。果然，初次“过招”，我就领教了这小子的厉害。

在同学们各自介绍自己名字来历的时候，大家都很认真地在听，唯独这小子，一边听，一边不时插个嘴。人家说自己叫“柱”，他会说：“是铁柱子还是木柱子？”人家说自己叫“贺”，他会说：“是仙鹤的鹤吧？”总之，搞怪数他厉害。

到最后了，他居然连我也不放过：“老师，你也说说你名字的来历呗？”“好小子！”我心想，“搞怪搞到我头上了？来吧！”

“好啊，你们讲的都太简单了，我的名字可不是字面意思那么简单，里面有一个长长的故事，想听吗？”我卖了个关子。

对学生来说，大概没有谁不想知道一些老师的秘密。现在有这么个

老师居然自愿讲述一些和自己有关的故事，他们还不乐翻天啊！

“想！”果然，孩子们都开始起哄，这一声“想”快把屋顶都掀翻了。

“那好吧，不过要我讲可有个条件，你们答应了，我才讲，不答应，我今天还就不给你们讲了。”我继续逗他们。

“好！”大部分的孩子都一口答应了。也有比较“狡猾”的，他们追着问：“老师，你得先说是什么条件？”

“我讲完了才能提要求，你们答应我就讲，不答应我就不讲了。”看我态度这么坚决，有一部分孩子便不再坚持，无可奈何地答应了。

可是赟不干：“老师，你得先说你的条件，这样才公平嘛！”见有人出头，其他孩子也纷纷开始“抗议”：“就是，老师，你先提条件吧！”

我心想：“哼哼，一群小豆丁，还跟我斗法？”不过为了让他们觉得我很“公平”，我还是决定退让一步。

“好吧，我讲完故事之后，你们都要送我一份礼物，至于什么礼物，我讲完才能说。但是我保证这是你们都能做到的，行不行？行！”我连问带答，口气不容置疑。孩子们哄然大笑起来。

我于是从一段黄梅戏的戏词开始，讲了一个《女驸马》的故事。孩子们瞪大了眼睛，安安静静地听着。

讲完之后，我说：“我的条件就是，在你们的写绘本上画下这个故事送给我。谁要是做不到，以后就别想听我讲故事了。”

“行！行！行！”孩子们大概没想到这个礼物这么简单，忙不迭地答应着，纷纷拿出了画笔。

只有赟，一边准备东西，一边不时地抬眼看着我笑笑。我冲他眨了眨眼，笑了笑，他才终于安心地开始画了起来。

下午放学的时候，赟妈妈来接赟了，我拉着赟的手递到她手里，故作严肃地对她说：“你家这个小孩儿太让我着急了，我提个要求，他还想跟我谈条件。”

赟妈妈听出了我的语气，忍着笑，转身故作严肃地问赟：“是吗，赟？你还敢跟老师谈条件？谈什么条件了？”

我以为这小孩儿肯定会被我们俩这样一唱一和吓住的，没想到，他小脑袋一歪，不服气地说：“老师，你就是得先告诉我们你提什么条件，我们才能答应啊，万一我们做不到怎么办？这样才公平。”

“那你觉得老师还算公平吗？”我心想，“哼哼，就给你个机会赞美我吧！”

“还行吧！”这小子居然给我这样一个评价。

听赟这样回答，站在旁边的赟妈妈一扯赟的胳膊，嗔怪道：“赟，你怎么和老师说话的！”赟妈妈在使劲忍着笑。

“看见了吧，这还不饶我呢！”我对赟妈妈说完，转身轻轻拍了一下赟的小脑袋。“臭小子，你等着，总有一天我会让你把那个‘吧’字去掉，你得说‘老师，你行，很行’！”站在旁边的赟妈妈，终于哈哈地笑出了声。

我有自由

我们萤火虫家委会组织的活动，一般都是在周末举行，参加的，也大多是妈妈们。赟的爸爸妈妈因为工作性质比较特殊，每次休假都需要和同事调班。尽管这样，这对父母还是非常支持我们的活动。

一个周一的早晨，我接到了赟爸爸给我每周一信的回复：“老师，我想提个建议。咱们班家委会的活动，每次都是妈妈们参加，我觉得您应该发动一下，让爸爸们也加入进来。孩子的成长，不能只有妈妈的参与，也得有爸爸们的参与。尤其男孩子，如果缺少爸爸的陪伴，就少了阳刚之气，这对孩子的成长肯定是不利的！”

说心里话，每次读到这样的回信，我都会很感动。那个下午，我迫不及待地给父母们群发了一个校讯通，一方面表达了我对赟爸爸这样热情提议参与班级事务的感激，一方面开始接受参加我们周末活动的爸爸们的报名。

很快，壮、乐、阳等几个孩子的爸爸就给我回复了，表示愿意参与我们的活动。接下来几周，因为有了爸爸们的参与，活动就更丰富了。因为工作的关系，我并没有每次都参与。不知道是不是这个原因，赟这里就出了状况。

赟妈妈告诉我："老师，赟这段时间参与周末活动的热情不高了，我挺失望的。其实我们每次的活动内容都很丰富，可是他就是不愿意去。他说去不去是他的自由，我们也没办法勉强他。"

一定是哪里出了问题了。我对赟妈妈说："你先不要急，我们一起来了解一下情况，看看问题到底出在哪里了。赟这种独立自主的意识很可贵，你不勉强孩子是对的。"

赟呢，不知道是不是因为知道我已经收到了他妈妈的信，知道了他不参加活动的事了，那几天见到我，总是有些躲闪。

我没有单独叫他来问，而是召集了几个经常参加活动的孩子，问他们："你们最近几周是不是都参加活动了？觉得好玩吗？"

"是。可好玩了。"孩子们纷纷举手，显得很兴奋，乐还忍不住向我说活动的细节。只有赟不说话，虽然在笑，但是显然有几分不安。

"你们都玩什么了？老师好想知道哦！"我想让孩子们传递出他们的快乐，感染赟。

可就在这个时候，赟说话了："老师，你为什么总是不去啊？"

"就是啊老师，你怎么不跟我们一起玩，不去给我们讲故事啊？"听赟一问，孩子们也跟着问起来。

我心想："问题大概就在这里了！"于是我赶紧向大家解释："老师得利用周末为你们准备精神食粮啊。咱们读的儿歌啊，讲的绘本故事啊，老师都得提前准备好，不然到时候你们又要失望了：怎么这个早晨没有儿歌，怎么这个中午没有故事啊，不是吗？”

“嗯。”孩子们听我说着，虽应答但大约不是很明白。

“不过我有时间的话，会随时去看你们的，我不提前说，到时候给你们一个惊喜怎么样？”

“好！”孩子就是孩子，一下子又高兴起来了，包括赟。

我给家委会负责活动组织和策划的父母们说：“我们的活动，还是要提高质量，得让孩子们真正喜欢上，不是简单的一次郊游玩一玩就算了。如果没有新颖的吸引孩子们的内容，孩子们会慢慢失去兴趣的。”

后来我们的植树活动，赟也去了。他还采了一些牵牛花的种子回来，说要自己种下等着发芽开花。

赟妈妈说：“这次活动，我儿子很喜欢。他还说，下一次活动他还要去。”

赟妈妈还说：“我问儿子，你挂在小树上的心愿卡上，为什么不写考试得一百分呢？儿子回答我说，考一百分是你的心愿，又不是我的。我挂的心愿卡，当然要写我想要的而不是你们想要的。”

我对赟妈妈说：“一定要尊重孩子，考多少个一百分，都不如让孩子始终保持这份自信和洒脱重要。”

我要做四季青

有时候我也会焦虑。孩子们的状况因为受到周围环境，尤其是家庭的影响，总是会有反复。一次给父母们的信上，我给他们讲了一位同事说我的话：“在咱们这样一群孩子们身上做新教育实验，无异于在沙漠里种花。你还看不出来啊，没那个土壤。”对父母们说这话，我也颇多

无奈。

赟妈妈在回信中，提到了她和儿子的一番对话——

“儿子，你看你们老师在你们班里做了这么多，真的是如同在沙漠里种花一样。让你们开出朵花来，那可真是不容易啊。”

“妈妈，我们为什么非开出朵花啊？我宁愿是窗外的四季青，风吹雨打都不怕，在冬天都是绿的。我不做花，花太娇生惯养了。”

赟妈妈最后写道：“孩子的想法让我挺吃惊的，我都不知道怎么跟孩子说了。”

读了赟妈妈的回信后，我决定利用班会课，和大家分享这个“种花”的小故事。

我在黑板上写下了这样两个词语：花、种子，然后问大家：“你们觉得你们现在是谁呢？将来想成为谁呢？”

因为我们读过《小种子》这首儿歌，孩子们很快回答：“我们现在是一粒小种子，将来要开出一朵花。”

我偷偷看了赟一眼，发现他只是看看黑板看看我，并没有说话。

我一边顺手在花的前面加上“兰花、梅花、玫瑰”等字，一边继续问：“你们是这朵花吗？是这朵花吗？是这朵吗……”

孩子们一会儿回答是，一会又说不是，完全不知道我葫芦里卖的什么药。

最后，我写下了“四季青”三个字。我对他们说：“还有这种，四季青。四季青也是开花的。”

写完后，我转身冲他们微笑。我发现赟正使劲瞪着眼睛，有点诧异地看着我。

我对大家说：“成为谁，是你们的选择。”

我一边说着，一边在那些花名的旁边继续写下“坚强、勇敢、自信……”这些词语。

“当你们选择坚强，你们就会开出一朵坚强的花；当你们选择勇敢，你们就会开出一朵勇敢的花。只要你们是努力向着美好成长，努力做一个最好的自己，就足够了。”

我知道，这些话或许孩子们还不能听懂，但我相信，他们早晚会懂的。

而赟呢，真的越来越像一株四季青了。某个课间，孩子们在操场上做游戏，赟和泰撞到了一起，赟个子小，一下子摔了个大马趴，嘴里顿时血流如注。

大家都被吓坏了，李老师一边打电话给赟的妈妈，一边赶紧带着他去了医院。赟不仅没有哭，看到我和李老师着急的神态，他还一个劲儿说：“诶（没）事，袄（老）师，额（我）诶（没）事。”

经过医生诊断，赟的一颗门牙被撞断了，如果不能重新长出来的话，有可能还需要植牙。李老师也很着急，立刻打电话，把泰的妈妈也叫来了。很多同事开始为我和李老师担心，因为老师们最害怕的就是处理这样的问题。

结果，事情没有大家想象的那么糟糕。泰的妈妈表示，先给孩子治疗，医药费她来付。而赟的妈妈呢，虽然自家也不富裕，但还是很通情达理地对我们说：“泰妈妈摆个小摊，风里来雨里去的挣个钱也不容易，这点钱我们自己出就行了，孩子们又不是故意的。尤其是男孩子们，发生这样的事情难免的。”

我和李老师还是坚持划分了一下责任。这一次门诊的钱赟妈妈出了，泰妈妈可以酌情买一些适合孩子吃的补品给赟，但是一旦需要植牙的话，保险负责赔偿之外的那部分费用，大家就各自负担一半。两位妈妈都表示没有意见。

赟妈妈在信里对我说：“看到孩子受伤，脸和嘴肿得都不能吃饭，我心疼得直掉眼泪。但是孩子的坚强又让我们很欣慰。从头到尾，孩子都没有哭。他还安慰我说：‘妈妈，没事，以后我小心点儿，不让你们担心。’”

我想，赟妈妈的眼泪，不该是因为担心，更应该是因为欣慰而流的吧！

难忘的生日

班里每个孩子的生日，都会得到一首生日诗歌和一个生日故事。那些生日诗歌，我会打印出来，贴在教室后面的墙壁上。大家也都会写绘一幅作品作为生日礼物送给过生日的同学，赟当然也不例外。

我开始准备送给赟的生日礼物的时候，接到了赟妈妈的一封信，她在信里和我商量，她想和赟爸爸一起到学校来给孩子过生日。看到这个消息，我特别高兴，但是我还是决定按照给大家过生日的流程来，不过加上了赟的爸爸妈妈来给赟切蛋糕和唱生日歌的环节。

那天一大早，赟的爸爸和妈妈就带了蛋糕、饮料来到了学校。我们的体育老师、美术老师也都跟着来到了教室，他们都觉得很新鲜，大家还从来没有见过在学校给一个孩子这样隆重举行生日庆祝会的事情。

孩子们自然是最兴奋的了。音乐响起来，我按照惯例，给赟送上生日诗歌和一个叫作“赟”的《小不点蝌蚪》的故事。我希望这个小小的赟，将来能够成为最帅的青蛙王子呢！孩子们也都为赟准备了礼物，有的是书，有的是写绘的作品，还有的是自己做的小手工。我向来要求孩子们用心准备，不要用钱买那些现成的东西。赟妈妈和赟爸爸坐在教室后面，笑眯眯地看着我们一项一项地进行着。

最后，我邀请了赟的爸爸妈妈和赟一起走上讲台，大家陪着他们为赟唱了生日歌，然后我为这一家三口拍了照片。

生日庆祝进行得原本很是顺利，这时却出现了一个小小的插曲。当孩子们兴致勃勃地吃着赟的生日蛋糕的时候，我发现坐在倒数第二桌的一个小男孩，盯着盘子里的一小块蛋糕没有动。

我走过去问他：“和，你为什么不吃啊？”“老师，我还是第一次吃生日蛋糕，我想多看一会儿。”

“是吗？”和的话让我有些意外，现在的孩子们，这么大才第一次吃生日蛋糕，这种情况真的不多见啊。“是啊，要是我生日的时候，我爸爸妈妈也能给我买一个生日蛋糕，该多好啊！”和由衷地说。

一个生日会，一个生日蛋糕，不该让几人欢乐几人愁啊。我立刻走到讲台前面，示意大家停一下。

我问孩子们：“吃在嘴里的蛋糕，甜不甜啊？”

“甜！”孩子们还在兴奋着。

“要我说啊，最甜的不是蛋糕。赟的爸爸妈妈送来的，可不只是一个蛋糕。”

听我这样说，孩子们面面相觑，不知道我要干什么了。对这个年龄的孩子来说，理解这句话的确比较难，但我还是期待孩子们能有所领悟。

“老师，我知道。”说话的是萱，那个爱哭的小姑娘。“蛋糕里有赟爸爸妈妈对他的爱，所以才这么甜。”

“是啊，因为有爱，所以我们吃着蛋糕才觉得甜。”我说，“并不是每一个人过生日都能吃到爸爸妈妈买的蛋糕，但是每一个孩子，都会得到爸爸妈妈一样的爱。因为有爱，即使是一碗长寿面，一块饼干，也是最甜蜜的。所以，我们要珍惜的，不是一个生日蛋糕，一顿生日饭，而应该是爸爸妈妈这份爱啊！孩子们，对吗？”

“对！”孩子们也许不能全都听懂，但是我相信，他们起码会记住一个词——爱！

再看看和，他正一小口一小口地抿着那块生日蛋糕……

萤火虫对父母说

现在很多父母不是对孩子管束太多，就是对孩子放任太狠，这两种极端都是不可取的。而把握好这个分寸，对大多数父母来说，这不是一件容易的事情。

1. 孩子奇思妙想，是因为温馨的家庭给予了孩子极大的自由。

从孩子课堂上那些稀奇古怪的想法和那些妙趣横生的语言中，我们可以看出赟在家是处于一种自由而舒展的成长状态的。赟的父母也是难得的为了陪孩子，肯并能随时调整自己的工作时间和生活节奏的父母。只有在这样的环境中，赟才会有“我不做花，要做四季青”这样的想法，才敢说“那是你们的心愿不是我的”这样的话。

赟的父母在遇到问题的时候，选择的是不断和老师沟通，借此了解孩子在学校的情况，对比孩子在家里的表现，进行反思；同时，借助老师的处理建议，调整自己对孩子的教育方法。

2. 父母是孩子的榜样，他们处理问题的方式本身就是对孩子最好的教育。

所有的父母都希望孩子幸福，而父母处理生活中各种问题的方式，其实就是在教孩子如何体会幸福。比如赟被撞掉了牙齿之后，赟的父母体谅泰父母的不易，决定自己负担医药费。这是在告诉赟：“宽容别人，是一种幸福。”赟妈妈看到儿子因为嘴疼吃不下饭心疼得掉眼泪，这是在告诉赟：“爱你，对你受到的伤害感同身受。”不知道赟的父母是否有这样的教育自觉，但是事实上，这对父母的确给儿子树立了好榜样。所以赟才会说：“以后我小心点，不让你们为我担心。”

萤火虫对老师说

有些极有个性的孩子，很可能会是老师的“灾难”。因为他们太有思想了。一不小心，老师极有可能因为束手无策而采取简单粗暴的方法来喝止他们的某些行为。这样势必会压抑孩子自由成长的天性，从而导致异化。老师的引导如果得法，他们又极有可能成为老师和一个班级的财富。因为他们的奇思妙想，会影响和感染大家，把大家带到思维的更高、更深处。

1. 懂得控制自己的情绪，老师的教育就成功了一半。

假如老师无法回答孩子的某个问题，就坦诚地告诉孩子：“你的问题我还需要想一想。”如果孩子的某些话对集体造成了影响，或者对别人造成了某种他自己都没有意识到的伤害，老师需要明确提醒，但要以不伤害孩子的自尊心为前提。

2. 了解孩子的真正需求，有的放矢才会事半功倍。

说赟这样的孩子是老师的财富，是因为他的智慧能制造很多的教育契机，并会对老师反思自己的教育行为提供好的参考。比如赟忽然失去了参加周末活动的乐趣，是因为赟并未体会到活动本身的乐趣，他更期待的是一个多和老师亲近的机会。而事实上，周末亲子活动的目的，是增进父母和孩子之间、同学之间的沟通和交流。赟给老师的启示是，怎样通过参与引领，真正带孩子们体会到活动的乐趣；怎样对活动的内容进行合理设置和调整，使之更能发挥活动的积极作用，等等。

3. 老师应该把学生对物质的关注，引到对精神的关注上来，不断提高学生的道德人格发展层次。

赟的父母为了让赟有一个难忘的生日，选择了在班级和同学们一起过。这件事单从赟的角度来说，的确是非常有意义的；但是老师忽略了一个问题，那就是班级孩子的整体家庭状况。对部分家庭的孩子来说，父母给其买大蛋糕过生日是非常奢侈的事情。所以老师应该让孩子们认识到，蛋糕所代表的是父母对孩子的爱，远比蛋糕本身更重要。那么孩子们就会释然：父母也许不能送我一个大大的蛋糕，但是他们会有自己爱的表达方式，我们要珍惜的就是这份爱！

第 10 章

共同成长，拘谨娃变开朗

从听话到不只听话

小姑娘叫雪，人如其名，长得白净剔透；说话的声音也和名字一样，清澈响亮。

雪属于那种乖巧的女孩儿，让人一看就喜欢。真是的，你的确没有理由不喜欢这样一个女孩儿：每天一来到教室，她会先把桌子擦得干干净净的，然后从书包里一本一本掏出那些要用的书，整整齐齐地摆放在桌角。她的书包从来不会胡乱塞进桌斗里，也从来不会有没完成作业的情况，就连她坐在座位上的姿势，也永远都是端端正正，不会歪歪扭扭。

后来才知道，雪的奶奶是一位退休老教师，妈妈是一位幼儿园老师，难怪雪有着这样良好的行为习惯。

可是，我有些担心雪的如此听话，我宁肯她有那么一点点的“逾矩”才好。比如，她应该回答错几次老师的问题，只要她敢站起来就好；她应该追问老师几个为什么，只要她有自己的思考；哪怕只是在思考一个问题的时候皱皱眉头……

哦，当然了，也许这样的要求本身已经太高，何况对雪这样的孩子呢！但是，我有时候真的会有些着急。课堂上的雪，如果不是百分百保证自己的答案是对的，她就不会举手站起来回答问题；如果老师没有布置新的任务，雪在完成之前的任务后，就会把手放好端坐在座位上，即使桌角就放着一本课外书。

雪的妈妈告诉我，雪每天回家第一件事就是写作业，这个从来不用催。不过常常是会的也不敢写，总要问几遍“对不对”才落笔。奶奶或者妈妈经常会给孩子“加餐”，在雪写完老师留的作业后，会让雪再抄写一些拼音啊，练习一些口算之类的。家人强调最多的，就是让孩子听话，雪也喜欢听话这个评价。甚至感冒吃药的时候，只要妈妈说：“你是听话的好孩子，是老师的好学生。”雪就能把苦药吃下去。

这样一个听话的孩子，居然在看了一堆“不听话”的事之后，开始有了变化。在“我要做个好孩子”这个主题里，我选了一首《半半歌》的儿歌：

有个孩子叫半半，
起床已经七点半。
鞋子穿一半，
脸儿洗一半，
吃饭吃一半，
课本带一半，
上学路上半半跑，
光着一只小脚板。

孩子们都很喜欢。在学这首儿歌的时候，雪第一次显得那么忘情，一边读，一边笑得合不上嘴。她还不时捂住半边脸，做着“脸儿洗一半”的动作。

第二天早晨，雪妈妈送雪的时候告诉我，雪回家就给她背了这首儿歌，还问妈妈：“这个叫半半的小孩儿，为什么不早点起床啊？太好笑了。”我心想：“这个一向听话的孩子，终于不再只是‘听’话，也开始‘问’话了。”

我对雪妈妈说：“孩子提的问题，如果你回答不了，就直接告诉孩子妈妈也不知道，然后可以问她：‘你觉得呢？’其实孩子提什么问题不重要，重要的是这些问题，是不是真正让她开始了思考。”

从拘谨到“特警”

雪在我面前，一向比较拘谨。比如下课的时候，孩子们常常会围住我，这个说：“老师，给你看我昨天的写绘作业吧。”那个会说：“老师，我妈妈刚给我买了一本新书，你看过吗？”要不就是做小“马屁精”：“老师，你今天给我们讲的故事可真好听，再讲一遍吧？”

只有雪，总是在这群孩子的最外围，远远地看着我笑。奇怪的是，她倒也不像另外一些孩子，干脆不往老师跟前走，下课就跑得远远的。

雪妈妈是个热心肠的人，开朗大方，在家委会招募之初，就主动报名，成为我们的核心成员之一。雪妈妈有幼儿园的工作经验，在我们进行班级布置、策划萤火虫亲子活动，以及节日编排节目的时候，她帮了很多的忙。

雪跟在妈妈身边，和我的接触多了起来，在我面前竟也不似先前那样腼腆了。偶尔她会在大家缠着我讲故事的时候，附和一声：“就是，我们还想听。”或者大家给我秀自己背了多少多少儿歌的时候，她也跟着说：“这个我也背过了。”

为了鼓励她，我时常会给她机会，让她当着大家背上一首。慢
地，雪在我面前说话的声音越来越大了，甚至还敢向我“抗议”：“
师，你答应给我们讲《贝贝熊》的故事还没有讲呢，什么时候给我
啊！”而且，这还不够！

班级成立了好多社团，雪居然报了一个最不“女孩儿”的社
“特警队”，成了“特警队”里唯一的“女特警”。

当我在班里宣布报名情况统计的时候，孩子们一听雪所在的社团，都哇的一声叫了出来。是啊，谁能把那个中规中矩的雪，和一个代表了粗犷、霸气之类的词语“特警”联系在一起啊！雪呢，竟然一点都没有忸怩，始终保持着她惯有的微笑。

“特警队”的第一项训练项目是玩魔尺比赛。

我对孩子们说：“‘特警’除了需要训练强健的体魄外，更重要的是得有智慧的头脑。我们从玩魔尺开始，手脑并用，一起训练。”

那段时间，不只是“特警队”的队员们，班里每个孩子手里，都有一个魔尺。下课的时候，他们会三五成群地在一起“切磋琢磨”，玩得津津有味。雪呢，自然成了女孩子的中心。我们还组织了一次阶段性的魔尺大赛，在全班同学面前和一帮男孩子比，雪还真有一股子“巾帼不让须眉”的豪气呢！

从室内到户外

秋天到来的时候，我们走进了“踏叶寻秋”的小主题。有一首儿歌是《秋天的颜色》：

谷子说：“秋天是黄色的。”
高粱说：“秋天是红色的。”
棉花说：“秋天是白色的。”
松树说：“秋天是绿色的。”
土地说：“秋天是彩色的。”

学这首童谣的时候，我出示了很多秋天的图片，可是孩子们居然不认识高粱和谷穗，甚至看着图片中的高粱直呼：“老师，那是大枣吧？”

我在给父母们的信中讲了这件事，并且提议：“学习这件事，不是在真空中进行的，它和孩子的生活经验有很大的关系。孩子们离开大自然太久了，希望爸爸妈妈们能尽量抽出一些时间，带着孩子们离开水泥丛林的城市，去嗅一嗅泥土的气息。”

恰好这周末的“手工乐园”，美术丁老师布置的作业是让孩子们制作树叶贴画。雪妈妈和其他妈妈们商量，干脆周末的活动就带孩子们去郊外赏秋，顺便捡落叶制作树叶贴画。

我因为有事，没有参加，只从雪妈妈给我的信里了解到一些。雪妈妈说：“这次的活动，孩子们都很喜欢，看着孩子们那么高兴，妈妈们都觉得很欣慰。我们雪的变化也越来越大了，她问题越来越多，现在经常问得我都回答不了，什么‘树上为什么会有那么多毛毛虫？蜜蜂采的蜜都放在哪儿了？树叶掉下来的时候大树会不会觉得疼啊？’我觉得，还是得让孩子们多接触大自然，多让孩子们在一起玩。”

在又一周给爸爸妈妈们的信里，我分享了孩子们出游的经历，也把雪妈妈的话与大家分享了。我说：“‘读万卷书，行万里路。’孩子们既要多读书增加知识，也要多游历开阔视野。这两个方面对孩子的成长都是非常重要的。”

一次次的磨合、总结、反思，家委会的几个妈妈们组织活动越来越成熟了。只要是定下的活动，没有特殊的原因，她们从来都不放弃。

初冬季节的北方，风已经很凛冽了，人们也越来越喜欢蜷缩在自己的小屋子里。雪告诉我，周末妈妈带他们去公园搞活动。我心想：“这样的天气，应该不会有太多人吧？什么样的活动能把这群娇生惯养的娃娃们拉出屋子呢？”我决定去看一看。

我是准时到的，没想到我到的时候，雪和妈妈早已经到了，还有宇、璇和然，他们正在集合地点等着大家。宇和璇是妈妈带着，璇还把弟弟也带来了，而然是由奶奶带着来的。看到我的车停下，几个孩子兴奋地叫了起来，一下子朝我扑过来，他们围住我扯着我的衣角缠着让我给他们讲故事。

雪妈妈把活动流程写在了一张纸上，见到我就跟我说：“老师，正好您来了，给您汇报一下我们的活动吧。”

我赶紧说：“我也是参与者，哪里能让组织者给我汇报啊。你们按计划进行，有需要我做的事情，尽管安排就是了，我一定尽全力。”

雪妈妈爽朗地笑了：“您能来参加，就是对我们最大的支持了，您也看见了，孩子们见到您多开心啊！”

“老师，您以后每次都来参加我们的活动好不好？”雪笑眯眯地看着我，对我说。

“好啊，我不敢保证每次，但会尽量排开时间多来的。”

“欧耶！”几个孩子狂喜。

报名的人陆续到齐了，璇妈妈贴心地把准备好的温开水分发给孩子们。雪妈妈点名完毕，活动就正式开始了。

这天上午，孩子们先是举行了一个小型的绘本故事汇报表演，接着玩了一会儿智力闯关游戏。雪妈妈把很多生字的字谜、脑筋急转弯、生活小常识都编进了她的“智力题库”，孩子们每闯过一关，还要向大家简单解释答案。

一群孩子高兴得不得了。

大概是尝到了甜头吧，没有集体活动时，雪妈妈也会在节假日带着雪出去走走，如参观植物园、博物馆、民俗博物馆，或是放风筝、打篮球、滑旱冰。雪的性格，就这样越来越开朗了。

从阅读到表演

对于雪课余时间被要求做习题、抄写一事，我一直想和雪的妈妈沟通；但由于雪的奶奶是一位经验丰富的老教师，并且还是从我们学校退休的，雪妈妈又是一名幼儿园代课教师，所以我还是比较谨慎的。直到我们第一批购买的绘本到了之后的一段时间，我才发现，我已经不用再寻找机会和雪妈妈沟通了。因为一切，都正在慢慢变化着……

孩子们都是喜欢故事的，雪也一样。我们购买的第一批绘本到了之后，孩子们每天都能带一本回家阅读，雪都是当成作业来完成的。

雪妈妈说："老师，我们孩子是不是识字太少了啊？带回家的绘本，她自己读不下来，都得我们读给她听。别的孩子是不是都能自己读啊？"

我对她说："你太急了，这些书咱们班大部分的孩子都不能自己读下来，就是得让爸爸妈妈先陪着读，有时间的话，可以让孩子借助画面自己来讲一讲这个故事，也可以画一画。"

从雪妈妈那里，我不断听到关于雪的故事。开始的时候，雪妈妈的信里都是在谈雪的作业："老师，雪今天认真写作业了，速度也很快。我们还给她出了连加和连减的题，她都做对了。""老师，雪这周写完作业自己进行了检查，不过还没有养成习惯。我们会继续督促她。"

慢慢地，雪在家里阅读的情况出现了："老师，雪今天写完作业以后，我和她一起读了带回来的书，遇到不认识的字，她就问我读什么，我教她查字典了。"

我回复她说："尽量不要中断故事，有些不重要的地方，甚至可以让孩子跳着读，重要的是——故事！"

雪妈妈说："老师，我们雪写完作业之后，会主动帮我们做一些家务，能够坚持阅读。”“老师，我们雪越来越喜欢读书了，每天早早写完作业，就认真去读带回来的书。”

我回复她说：“孩子读完以后，如果你们能鼓励她把所读的故事给你们讲一讲，她一定会更喜欢的。”

雪妈妈真的是一位非常尽职的妈妈，一段时间后，她跟我说：“老师，我们雪现在读完了书，总喜欢把她读的故事讲给我们听，还会提很多问题。”我心想这是多好的机会啊！我跟雪妈妈说：“那您也赶紧去读孩子问的那本书，然后和孩子交流一下她的问题，你会发现，原来孩子的想法是那么神奇！”

雪妈妈开始变得欣喜了：“老师，我们孩子读书越来越着迷了，读着读着居然笑出声来了。这个周末，她让我们做观众，给我们表演了《爱吃苹果的鼠小弟》的故事。雪的性格也有变化了呢，变得比原来爱说爱笑了。”我对雪妈妈说：“是啊，阅读就是孩子成长中最好的营养！”

课堂上的雪，也不再像原来那样胆小怯懦了，她变得乐观、开朗多了。一次，有来自郑州的二十多名老师到我们教室听课，我们学习的是《盘古开天地》这个神话故事。

课堂以《不可思议》这首诗歌开始，通过借助字理理解“人——大——天”的意思，再让孩子们讲述盘古幻化万物的故事结束。孩子们无拘无束，思维非常活跃。

课后，有个孩子提了个问题：“老师，你说盘古死了吗？”这个问题让我眼前一亮。于是在送走听课的老师之后，我决定继续和孩子们讨论这个问题。孩子们就“盘古死了吗”展开了激烈的争论。

记得周国平在他的《宝贝，宝贝》一书中提到过，“孩子天生是诗人和哲学家”。的确是这样的。雪这个坚定不移的“没死论”的拥护者说：“盘古没有死，太阳和月亮就是盘古的眼睛。太阳和月亮那么明亮，就是盘古的两只眼睛在看着我们呢，盘古当然是没有死。”雪一边说，一边还使劲眨巴着眼睛。

而持另一种观点的孩子们说："盘古就是死了，月亮和太阳那是盘古的双眼变成的，它们已经不是盘古的眼睛了，成了太阳和月亮了，所以盘古当然是死了。"

这个问题对孩子们来说，的确有些复杂。我告诉孩子们："盘古死了或者没有死，包括老师在内，我们每个人都有一个答案，而且这个答案没有谁是对的或者谁是错的这么简单。你们要做的，是多问一个'为什么'。"

孩子们不一定能听得懂我的话，但是，我想让这样的一个问题，深深地植根在孩子们的心里，让他们一生都去思考！

萤火虫对父母说

父母的职业是老师的话，似乎更好为人师。对他们来说，孩子提出的所有问题似乎都必须给一个答案，否则自己作为父母的权威就被撼动了。他们最怕的是孩子说："这都不知道啊？你还是老师呢！"但是经验告诉我们，恰恰是父母总说"这个问题我也不是很清楚，你自己再想想"的那些孩子，他们更具有钻研精神，思维更活跃，个性更独立。

1. **父母要认识到，好孩子的标准，不应该仅仅是听话。**

雪这样的孩子，是典型的"好"孩子的代表。她有着很好的家教，做事情永远有条不紊、循规蹈矩，而且重要的是，她非常听话！但是，听话的孩子真的就是好孩子吗？雪的听话，已经严重影响了雪的成长。她课堂上的表现就是一个很好的证明。很显然，在家里，不仅父母，应该还有爷爷奶奶，他们对雪的教育一定是非常严格且细致周到的，这些都可以从雪表现出来的那些良好的行为习惯中看得出来。这本身也没错。孩子的一些生活习惯，必须得有这样的"训练有素"。但是，如果缺少了浪漫期大量的试错的经历，孩子怎么能够真正成长呢？所以父母

既要让孩子行为训练有素，又要思维敏捷灵活，就应该遵循孩子的成长规律，让孩子不仅听话，还知道自己为什么要听话。

2. 父母把自己的意愿强加给孩子，会让孩子逐渐失去自我。

很多时候，父母把自己的意愿强加给了孩子，忽略了孩子的真正需求，父母必须反思这一点。其实父母就是孩子最好的榜样。雪妈妈作为家委会的活跃分子、萤火虫分站的义工，她的变化带给女儿的变化尤为明显。她让雪从一个只是听话的孩子，变得敢于表达自己的疑惑，再到敢于站出来和大家做“特警”、拼魔尺。雪已经用行动告诉大家，自己是一个有梦想的孩子。这才是一个孩子真正应该有的生命状态。

萤火虫对老师说

每一个孩子都是天生的哲学家。老师如果没有基本的哲学素养，就很容易被孩子们五花八门的问题击得“溃不成军”。所以老师同样要学习，要不断学习、终生学习！

1. 教师育人目标清晰，才能让教育行为的效果更明显。

一般老师都喜欢遇到雪这样的孩子——听话、有规矩、做事有条理。重要的是，这样的孩子学习成绩一般都不用老师操心。除了孩子自己懂得努力之外，父母对孩子成绩的关注，足以让这样的孩子成绩不逊于别人。但是，老师恰恰要警惕的，就是类似雪这样过分乖巧、听话的学生。老师要多方面了解孩子听话背后的根本原因，帮助父母消除那些对孩子个性发展形成阻碍的种种因素。老师万不能耽于学生这样的听话无所作为。

2. 老师最重要的智慧，是让孩子有问题。

孩子自我的确立，很多时候得益于他们那些稀奇古怪的问题找得到“出口”，有人聆听，或者有人引导，哪怕暂时没有答案。因为有问题证明有思考，而一个人开始思考，就是自我觉醒的表现。其实很多时候，孩子的自我是被成人扼杀的。当我们对孩子干涉过多的时候，孩子便丧失了自我。正如有句话说：“孩子不是天生喜欢读书，也不是天生不喜欢读书。让孩子爱上阅读，需要一个引导的过程。”而这个引导，同样适用于父母。雪的妈妈从最初只关注孩子的学习、作业，到后来开始关注孩子的阅读、游戏等，得益于她作为一个母亲的不断成长。老师应该努力引领更多的父母达到这样的状态。

第 11 章

深挖根源，小懒娃变积极

顽劣小帅哥

这班孩子当中，要论个性，这个叫帅的男孩儿绝对是数得上的一个。

他的确没有愧对自己名字里这个“帅”字：白净俊俏的小脸儿，整洁干净的仪表，笑起来的时候，露出两排整整齐齐的牙齿。加上平时小嘴甜甜的，特别讨人喜欢。对从农村出来的帅的父母来说，得帅这样一个儿子，对其娇惯一些也是难免的。所以爸爸妈妈把帅的姐姐扔在老家跟着爷爷奶奶生活，只带了帅到城里。帅的爸爸说，他们夫妻俩都只上到了小学三年级，没有多少文化，希望为儿子创造一个好一些的环境，让他能够好好学习，将来有点出息。

帅得到父母这样的眷顾，自然自信、阳光，但也一并养出了一些顽劣的脾性。第一次见到这对母子的时候，帅就和别的孩子表现得不一样。他不像很多孩子，尤其小女生那样拉着妈妈的手，而是不时地东张西望，虽然难掩神色中的一丝紧张，却丝毫不是怯生生的样子。忽闪忽闪的一对大眼睛，一看就是个机灵的孩子。

帅妈妈说：“老师，孩子在家淘气得不行，您多费心啊。”帅听妈妈这样说，居然眯着眼笑了，脸上还浮出两个可爱的小酒窝。

我用手指轻轻指着帅的两个小酒窝，逗他说：“人家都说淘气的孩子聪明，你这个小帅哥，这边是淘气啊还是这边是聪明啊？”帅没有回答，吐了吐舌头，笑出了声。帅妈妈也被儿子的样子给逗乐了。

有一天早晨，帅妈妈打电话说有点事孩子晚点到，声音听起来很着急。等到帅妈妈送他到学校的时候，我们的晨诵已经结束了。

帅妈妈跟我说："俺这小儿我根本就管不了了。早晨不起床，我要叫得急了，他就跟我哭闹。这么个小玩意儿，动不动就说'连觉都不让睡够，活着有什么意思啊'，我真是拿他没办法了。"帅妈妈给我讲这些的时候，颇有些哭笑不得。

我让帅先进教室，然后对帅妈妈说："我不知道你们说话的时候，是不是常常带出'生''死'这样的字眼，帅这个年龄的孩子，他们说话更多的是一种单纯的模仿，看到大人这样宣泄，自己也选择这样宣泄情绪。所以我们做父母的一定得注意，一定要尽力为孩子营造一个健康、文明的环境。"

帅妈妈笑了，没有说什么。这事也引起了我的好奇心，这个小家伙的心里，到底想些什么呢？

下课的时候，我把帅叫到了办公室。我问他："帅，今天早晨怎么会迟到了呢？"

他露出两个标志性的小酒窝，竟然还有点不好意思："呵呵，起晚了。"

我问他："有妈妈叫你起床，怎么还会晚呢？"

帅说："就是没有睡够，还是很困，所以不想起。"

我继续问他："晚上干什么了？是不是看电视看晚了所以才没睡够？"

他没有说话，轻轻摇了摇头，但明显底气不足。我说："听你妈妈说，那个睡不够的小孩儿还说什么'连觉也不让睡够，活着还有什么意思'，是吗？"

他居然扑哧一声笑了出来，说："我这样说，我妈妈就不使劲叫我了！"

"好啊你小子，居然跟妈妈玩起花招来了！"我扳过帅的小肩膀，故作生气地瞪大了眼睛盯着他。

帅愣了一下，脸上的笑顿时变得有些僵硬。

我调整了一下自己，对帅笑了笑，然后说：“帅，我想告诉你这样做不对。你妈妈有多爱你，听了这话她就会有多担心多难过。你以后会明白的，现在只要记住，不能这么说就是了。听到了吗?”

帅听了，表情略显放松，冲着我使劲点了点头。

懒虫的哲学

帅有一套自己的懒虫哲学，从一件事就能看出来。

妈妈给帅买了一堆苹果，帅很高兴，洗干净了要吃的时候，发现手里的那个苹果上有个洞，显然是被虫子钻过的。

帅对妈妈说：“妈妈，快看，苹果里钻了虫子了。”没等妈妈说话，帅盯着苹果上的那个洞继续说：“虫子这是要冬眠了!”

妈妈在一旁乐了。帅却压根就没理会妈妈的反应，干脆把苹果放在桌子上，托着下巴，一对大眼睛滴溜溜地转着，似乎在想着什么。忽然，他一下子蹦了起来：“妈妈，我知道虫子为什么要在苹果里冬眠了。它睡在苹果里，如果醒来觉得饿了，就咬一口苹果吃，然后再睡，等再饿了，就再吃一口苹果。这样吃一口睡一会儿，睡一会儿吃一口，等苹果吃完了，春天也就来了，它就可以出来活动了。”妈妈一下子被他的奇思妙想给逗得哈哈大笑起来。

在给我讲这件事的时候，帅妈妈还忍不住笑呢。我一边对帅妈妈说：“帅这故事编得不错!”一边心里想：“这可真是小帅哥的懒虫哲学啊!”

帅的确也是一个小懒虫。我经常会接到帅妈妈的“控诉”：“帅就是不喜欢写字，这可怎么办啊？学过的课文，他都能背，可就是一说写就发愁，让他写也不写。您留的作业，他总是能少写一点是一点。”要不就是说：“帅让我头疼死了，都这么大了，有时候吃饭还要我喂，不喂就不吃。有时候为了不耽误时间，我只好喂他吃，老师，这可怎么办啊？”

我对帅的妈妈说：“不吃的话，就饿一顿好了，不过不许给零花钱买零食，家里也不准备零食。”话虽然这样说了，但是我相信帅妈妈肯定不会这么做的。帅妈妈自己也承认，对帅的确太娇惯太放任了。后来我才知道，其实其中还有另外一个重要的原因，我先按下不表。关于帅的问题，我忽然想到了帅妈妈给我讲过的事。于是，我想到了一个办法。

这天下午的最后一节课，照例是我们的“暮省”时间。孩子们有的拿出写绘本，继续完成晨诵诗歌和绘本故事的配画，有的一笔一画地抄写着新学的生字，也有的拿着口算卡在做题……

看了看时间，离放学还有十分钟。我站到讲台上，在黑板上画了一个圆圈，然后拍了拍手，示意大家停下来。孩子们看看我，再看看我画的圆圈，不知道我葫芦里卖的什么药。

我说：“今天，我想送给大家一个故事，故事就藏在这个圆圈里。你们知道是一个什么故事吗？”

“不知道！”

我故作神秘：“想知道吗？”

“想！”声音响亮得快传遍整个校园了。

“那你们先给我背一背我们学过的儿歌《懒人读书歌》。”我的话音一落，孩子们就叽里呱啦地背了一遍。

我转身指着黑板上的圆圈说：“不读书没有学问的小孩儿还不可怜，这里还有个更可怜的呢！”

我顿了一下，环视了一圈教室，孩子们有的皱起了眉头，有的歪着脑袋，有的托着下巴。

我于是给大家讲了一个我小时候听过的故事：“从前有个孩子，名字就叫懒懒。他从小娇生惯养，什么都得让爸爸妈妈帮着做。都老大不小了，他还要爸爸妈妈喂饭吃。甚至在爸爸妈妈喂饭的时候，他连眼睛都不睁开。他说自己可以一边吃饭一边睡觉，怎么能让吃饭耽误了睡觉呢！”

听到这里，孩子们哄的一声笑了！我继续讲：“该上学了，他不去上学，说不愿意读书写字；该和爸爸下地干活养家了，他不去干活，说自己受不了风吹日晒。爸爸妈妈也没有办法，越来越管不了这个儿子了，只好喂饭养着他，尽管他现在已经长成了一个大人了。”

“那他不就成了一头猪了吗，吃了睡，睡了吃的！”机灵的娇喊了一嗓子。

我说：“是吗？”

“就是。”孩子们都附和着。

我没有再接话，继续讲故事：“后来有一天啊，懒懒的外婆生病了，就给他妈妈写信，说自己生病了，特别想见见自己的女儿。可是懒懒的爸爸为了养活他这个吃得越来越多却什么也不干的儿子，不得不离开家到很远的地方挣钱去了。如果妈妈再一走，会怎么样呢？”我停住了。

“没人管他了呗！”“他就只好自己做饭吃了！”“他会不会被饿死啊？”孩子们的答案很多，问题也很多。

“是啊，”我继续讲，“妈妈也很担心，自己一走，儿子不会做饭，饿死了怎么办呢！于是妈妈就想了一个办法，什么办法？”我再次停住。

“妈妈给他做好饭了再走呗。”“不行，妈妈要走好几天呢，那饭还不放坏了啊。”“妈妈给他买些零食放着，饿了他就吃一些呗。”说这话的，是帅。

我看了看帅若有所思的样子，干脆冲着他说：“是啊，妈妈也是这么想的。”我继续讲故事。“可那时候没有现在这么多包装精美的零食呢，妈妈就烧火、和面，开始忙碌起来了。她给儿子烙了一张大大的面饼，还在面饼中间掏了个洞。”

孩子们瞪大了眼睛看着我，教室里安静极了。

“妈妈把儿子从床上扶起来，把这张大饼套在了儿子的脖子上，然后长长地舒了一口气。她对儿子说：‘儿子，你饿了就啃一口饼吃啊，这么大张饼，够你吃几天的了。’然后妈妈放心地走了。”

“嘻嘻嘻，他也太懒了吧！”几个小女生笑出了声音。

“可是，故事并没有结束。”

“啊？”孩子们颇有些意外。

“几天之后，妈妈看完外婆就匆匆忙忙地赶回了家。你们猜，妈妈一进门看到了什么？”我问大家。

“他已经把饼吃完了，可是还是很饿，都瘦得皮包骨头了。”帅真的还是很聪明的。

“不是！”

“他饿得不行了，把家里的书都吃了。”说这话的孩子，不知道是不是想起了《好饿的毛毛虫》这个故事了。

我笑了，对大家说：“其实，你们错了，这张大饼啊，他并没有吃完！他不仅没有吃完，还只吃了几口。”

“啊？”孩子们彻底愣住了。

我继续给孩子们讲：“但是懒懒啊，确实被饿死了！因为他只吃了嘴边的几口饼，再饿的时候，嘴够不着别处的了，他又懒得转一下脖子，也懒得转一下饼，结果就饿死了！”

“啊？”孩子们被故事的结果彻底惊呆了，包括帅。他微张着嘴巴，两只手托着下巴，愣愣地看着我，但眼神分明是游离的。

“老师，天底下不会有这么懒的人吧？”有孩子开始质疑了。

“我也不知道啊，这个故事是我小时候我爷爷奶奶讲给我的。如果不是真的，他们为什么给我讲这个故事呢？”我装作茫然地问大家。

“那是你爷爷奶奶教育你不要和这个懒人一样吧！”是娇。

“哦？是吗？那我为什么今天给你们讲这个故事啊？”“也是教育我们不要和这个懒人一样呗！”孩子们像发现了我的什么秘密一样，带着几分兴奋。

我装作沉思了一下，然后说：“其实也不全是。”孩子们立刻安静了下来。我继续说：“如果懒懒知道自己转转大饼，他也没有被饿死，那故事又会怎样呢？”

“那他也是个废人。”聪明的娇回答道。

“为什么啊？”我故意问她。

“因为他什么也不干，就知道吃了睡睡了吃的，和猪一样。”

“你怎么能骂人呢，说人家和猪一样！”一向乖巧的璇说话了。

“璇说得对。”我说，“把人和猪之类的动物进行比较，是对人的侮辱，所以一般时候我们不能这样比。但这也恰恰说明了，人活着，应该有更高的价值对不对？”

“是啊，可不能连猪都不如。”快嘴的乐喊了起来。“这是骂人话！”还没等我开口，大家都开始制止他了。

“哈哈，”我心想，“知道就好！”但我还是佯装嗔怒地看了乐一眼，他吐了吐舌头，和大家一起笑了。

帅也在笑，但是明显有些心不在焉……

冠军的背后

有一段时间，班里几个淘气的男生，在看了电视剧《雪豹》之后，模仿电视里文章饰演的周卫国，玩起了“打仗”游戏。

其实这也没有什么，想起我们小时候，不也是手里拿着玉米秆做的

“枪”，满世界地跑啊！但是现在真的不同了，学校几次提醒我们注意孩子的人身安全。我于是对孩子们说：“人家周卫国可不是你们这样的散兵游勇啊，人家是有组织的。你们干脆成立一个‘特警队’，开始正规化的训练吧。体能训练不是乱跑，得有计划。这个体育老师可以帮你们。不过我觉得，现在你们首先要训练的一个内容就是，大脑的反应速度和手的配合。”

我推荐了魔尺给孩子们。这还真吸引了他们的注意力，下课了他们就兴致勃勃地摆弄，倒也安静了不少。尤其是帅，几乎达到了痴迷的程度。

为了让孩子们的兴趣得以持续，我们成功举办了第一届魔尺大赛。几轮下来，帅拼出来的形状最多，用的时间最短，赢得了这次魔尺大赛的冠军！我们还举行了简朴而隆重的颁奖仪式。帅捧着我发的奖状，羞涩里是掩饰不住的欣喜。我想，帅生命的春天，应该不远了吧！

但是这之前的那段日子，帅可让我们头疼了好久。

前文说帅妈妈对帅的娇惯和放任还有一个原因，那就是：帅妈妈是个“牌迷”。

听帅妈妈的老乡们说，帅爸爸为了让帅得到很好的照顾，就自己出去打工，让帅妈妈在家全心照顾孩子。帅上学之后，帅妈妈觉得很无聊，就去和朋友们打个牌什么的。开始的时候还好，可后来越来越上瘾了，常常是孩子已经回家了，妈妈在牌桌上还没有下来呢。我不知道这话是不是有些夸张，这些帅妈妈自己没有和我说过，我也只是听别人这样说。

我们学校的孩子情况很特殊，好多孩子从一年级开始，不仅早晨早早就来到学校，甚至连中午也不回家。因为父母们工作不自由，他们好多都是早出晚归，中午根本没法回家给孩子做饭。冬天的早晨，孩子们经常三五成群，聚在学校周围的某个角落里，吸着鼻涕，啃着一个面包或者煎饼果子。孩子们的午饭也多是父母给三块或者五块钱，孩子自己在路边的小摊上解决。

处于这样的“散养”状态的孩子们，变得越来越不好管了。有的孩子为了买一个喜欢的玩具，宁肯好几顿饿肚子不吃饭。鉴于这样的情况，学校开了小餐桌，主要是为了解决这部分孩子吃饭吃不好、没有午休时间的问题。可是就住在学校隔壁的帅，居然也报名吃小餐桌。不知道和妈妈打牌有没有关系，我们也不便追问。

帅开始是抗拒的。他煞有介事地说：“老师，我妈妈让我告诉你，我今天中午不在学校吃了，我舅舅从老家来了，我妈妈让我中午回家。”

因为他说得太真诚了，第一天的时候，我们丝毫没有怀疑。

第二天中午，他又有了新的借口：“老师，我妈妈今天不舒服，我得回去看看。”

我心想：“不对啊，这有事的频率也太高了吧？”于是立刻让李老师给他妈妈打了电话，帅显得有些不自在，但是也没有说什么。

电话里，帅妈妈的话让我和李老师吃了一惊：“我没有不舒服啊？我跟他说了我这两天有事中午不在家，让他就在学校吃饭的。他跑哪里去了？”我们赶紧告诉帅妈妈说没事，就是问一下。

因为是当着帅的面打的电话，我示意李老师，不要多说了。

我们转身对帅说：“你妈妈说她没有不舒服，现在都不在家里。你回去了谁给你做饭啊？”

帅紧张了，咬着嘴唇，没有说话，似乎在等着我和李老师的一阵“狂风暴雨”。我轻轻摸了摸他的头，试图缓解一下他的紧张情绪，然后问他：“帅，你借口说妈妈病了，是不是因为不愿意在学校吃饭啊？为什么呢？”

我避开了“说谎”这个词语，想让帅把心里话说出来。“我中午不想睡觉，回家能玩会儿。”帅倒也坦诚。

“哦，可是中午不休息，下午上课会没有精神的。不如这样吧，如果你实在睡不着，我允许你拿一本书去休息室，但是只能安安静静地看，不许出声音打扰到别人。”

“嗯。”帅答应了，但明显还是不痛快。

下午放学的时候，帅妈妈来了。我问她：“你家离学校这么近，为什么还让孩子吃小餐桌啊?”这似乎触动了帅妈妈的伤心处，她开始诉苦了：“你不知道啊老师，这个孩子太不听话了，每天中午不休息，跑得我都找不到他。”

“可是孩子不喜欢在学校吃饭，昨天就找了借口溜回去了。这幸亏没出什么事，不然真是麻烦了！以后真有事了，您就打电话请假吧，我们可不敢轻易放他走了。”我一时间也的确不知道该怎么处理了。

第三天中午，帅妈妈来电话了：“老师，让帅回家吧，我实在是没有办法了，拧不过他，死活不肯在学校吃饭了。”

就这样，帅妈妈试图借助让帅吃小餐桌养成午休习惯的做法，彻底失败了。

帅得了魔尺比赛的冠军，我特意给帅妈妈打了个电话：“孩子对一件事情感兴趣了，就会投入精力的。而他在这件事上获得的成就感，会让他更自信地进入其他学习的领域。帅目前的状况，正是到了需要在阅读上加大力度的时候了。希望您能多陪孩子读书，直到他养成自己阅读的习惯。”

我知道，这让帅妈妈落实到行动上，还需要时间；但是只要我一直不放弃，一定会看到效果的。

萤火虫对父母说

父母是孩子的第一任老师，家庭是孩子的第一间教室。父母要从成为父母的那一刻起，就谨言慎行，以免给孩子带来不良的示范和影响。

1. 父母的言行，往往会在孩子身上重现。

帅的父母和所有的父母一样，也是望子成龙的。为了孩子的成长，他们远离家乡，来到城市里，只为给孩子创造一个更好的成长空间；但是他们忽略了父母的重要作用，忽略了家庭这个小环境的重要作用。帅这么小，他的大多数语言和行为都还处于盲目模仿的阶段。他能说出“觉都不让睡够，活着还有什么意思”的话，说明在帅的周围，经常有类似的声音对帅造成刺激，长此以往会给他造成不良的心理暗示。父母听到孩子说出这样的话固然会担心，但是大可不必惊慌，因为对帅这个年龄的孩子来说，这话的含义他其实未必明白，父母要做的就是轻松带过，不要追着那句“活着还有什么意思”大做文章，让帅觉得这句话是可以对父母构成威胁的，那么以后他很可能还会以此为“武器”达到自己的目的。同时，父母也应该反省自己，寻找问题的根源，然后从自己的言行开始纠正和解决问题。

2. **孩子的消极状态，往往是因为他们没有体会过通过劳动收获乐趣的过程。**

对孩子来说，聪明往往会成为勤奋的大敌。他们往往靠着自己的聪明得到肯定。如果生活或者学习过程中总是遇不到挑战，也没有凭借努力挑战成功的话，这极易导致孩子对未来的迷茫。比如帅，他看到苹果中的虫子，就能想到那样一个逻辑性很强的故事，的确是思维敏捷。这个时候的帅，其实就是那条蛰伏的“虫”，他潜意识里期盼自己的“春天”（出来活动）。但是那个“春天”到底是什么样子的，他并不知道。孩子自己也难以清晰地认识到生命的春天的色彩，这就需要父母的适当介入了。父母要为孩子提供一些适合的书籍，多带孩子参加各种各样的活动。让他了解不同领域的精彩的生命故事，提供未来的种种可能性，孩子就会有选择地开始勾勒自己的“春天”。这些会逐步成为孩子成长的愿景，孩子也就自然会朝向美好生长了。

3. **孩子勤奋、积极等品质，需要父母有意识地培养。**

帅已经是小学生了，妈妈还给他喂饭吃，这是父母的问题。如果他不肯吃，就饿一顿，父母不能因为心疼孩子而无原则地纵容孩子，这样

只会害了孩子。违背了孩子的成长规律，父母包办代替太多，只能造就一个“残疾”的生命。

萤火虫对老师说

面对孩子的问题，老师应该保持比父母更冷静的态度，既不能听之任之，更不能稍有问题便谈虎色变。老师要全面考量整个班级的状态，既要关注个别孩子的特殊情况，又要注意协调整个集体的氛围，做到使每一个孩子的自尊不受到伤害。

1. 老师要善于透过孩子的语言、行为等外在表现，洞察孩子内心的真实感受。

面对父母讲述的帅在家里的故事，老师不能跟着母亲一起紧张，也不能干巴巴地教育孩子，应该尽力去了解孩子心里到底在想什么。比如帅那样对妈妈说，就是想多睡一会觉而已。成人往往会纠结于孩子外在的语言、行为等，而对孩子真实的心理活动，我们却极易忽略。

2. 通过故事角色纠正孩子的行为，要本着润物无声的原则。

老师给孩子们讲“懒懒”的故事，是针对帅或者和帅有相似行为的孩子的，但是老师却不能点破这一点，否则就会成为对帅的“批判大会”，会深刻地伤害到帅。所以讲这个故事的分寸就是，点到即止。至于孩子们的回答，老师更要防止他们口不择言地盲目批判。这一方面是教给孩子们怎样讲话，涵养他们的气质；另一方面也是让孩子们真正进入思考的状态，思考生命的意义。对孩子们来说，他们只是听懂了故事浅层次的意思，他们很难通过故事领悟人活着要追寻生命的意义这样的深层的主题。所以，老师要帮助他们埋下这样一粒种子，等遇到合适的土壤、温度、阳光的时候，种子自然会发芽的。

第 12 章

充分调动，霸道娃会当家

似可为序

我好长时间都不知道敏还有个和她只差一岁多的弟弟。和璇一样，敏也是个姐姐。可是这个姐姐和弟弟，不知道是不是因为年龄相差小的缘故，远没有璇家的姐弟俩相处得那么和谐。敏妈妈是个温柔的女人，连训斥孩子的时候，都那么轻声细语的，跟我说起这姐弟俩，常常是一脸的无可奈何。

敏真是不愧这个名字。她说话“敏”，和蹦豆子一样；动作“敏”，总是那么风风火火；做起事来也“敏”，比如我课上留了作业，很多时候她都是第一个站起来：“老师，我写完了。”你要看吧，她的作业倒也整齐、干净，字体优美、舒展。遗憾的是，她的作业往往因为追求速度而导致质量差强人意。不过从这也看得出来，其实敏是一个很好强的女孩子。

据敏的妈妈讲，敏小的时候，和弟弟的关系没有这么紧张。她会在妈妈出门的时候，照顾好弟弟。就是出去等妈妈，她也要拉着弟弟的手。越是长大，居然越是什么都想要和弟弟争个你高我低，常常把弟弟弄哭。她还总是批评妈妈：“你们凭什么要我让着他，为什么他就不能让着我?”

听敏妈妈讲这些的时候，我都能想象得出敏因为据理力争而歪着小脑袋，小嘴儿噼里啪啦不饶人的样子。敏妈妈说：“我说不过我家女儿，实在生气了，就把两个人都打一顿。”敏妈妈被这姐弟俩“逼”得只能选择这种各打五十大板的方法了。

记得小时候我和弟弟也是常闹小别扭。虽然弟弟比我小，但因为是男孩子，所以我在借助眼泪全身而退的时候，遭殃的就总是弟弟。他也曾经不止一次对着爸妈努力争取自己的权利："凭什么你们每次都训我啊，人家家里重男轻女，你们却是重女轻男！"爸爸妈妈就被弟弟这句话给逗乐了。之后我爸爸就养成了一个习惯，即使他再忙，也一定会耐心听我们俩把事情讲清楚。很多时候讲着讲着，我和弟弟谁要有错，总是自己就先觉得不好意思了，倒也让我们的关系缓和了不少。

想到这些，我对敏妈妈说："遇到姐弟两个闹别扭的时候，你不要说要敏让着弟弟，你要先问他们到底怎么回事。"敏妈妈说："我问了，没用。因为我根本就断不了他们的'官司'。最后说来说去，他俩都有理，我成了没理的了。"敏妈妈说完，一脸苦笑。我只好先安慰她说："慢慢来，会好起来的。"

鸡蛋风波

一天早晨，敏眼睛红红地来到了学校。因为早读时间到了，我就没有多问她。整节晨诵课，即使大家一起边读边做动作的时候，敏都没有笑。

下课之后，我把敏叫到了我的办公室。我问她："敏，今天怎么了？谁欺负咱们了？"

"没事。"敏好像还有几分不好意思，撑着说没事。

我说："没事怎么一大早眼睛红红的呢？说给老师听一听吧！"

听我这样说，敏的眼泪一下子在眼圈里打转，最后干脆噼里啪啦往下掉了。我没有追问，而是赶紧先递给她一块纸巾，让她把情绪宣泄一下。看她哭了一会儿，情绪略有稳定了，我又问她：“是不是和谁闹别扭了？”

“就是我弟弟呗，我妈妈总是向着他，他总是欺负我。”敏的小嘴儿撅得老高。

“哦，弟弟那么小，竟然把姐姐欺负了，实在是太‘可恶’了。那能给我说说到底是怎么回事吗？”

“他和我抢一个鸡蛋，非要吃那个大的，凭什么他就得吃大的啊！”

听敏这样说，我差点没笑出来。是啊，对孩子们来说，一个大一点的鸡蛋和一个小一点的鸡蛋，可不是一件小事呢！这些，我们成人又怎么能够理解啊！

我对敏说：“明天让妈妈多煮几个，鸡蛋小的话就多吃几个，不就没事了吗！除了这个，还有没有别的事情？”

敏一听，很激动的样子，对我说：“多了，他每天都欺负我。”

我没有吭声，想等敏继续说。可是我一看，第二节课再过几分钟就要开始了，我让敏先去上课，并告诉她：“把委屈写进日记里，如果信任老师，就拿给老师看，老师会尽力帮你的。”

敏点点头，上课去了。一眨眼几天过去了，我不知道我说的话敏是否放在了心上，我也没有追着问她。

一次敏妈妈来接敏，见我正在学校门口值班，她就跟我说：“老师，我们敏在学校是不是也不听话啊？在家总是跟弟弟闹别扭，什么都要抢，什么都得比一比，就是买双鞋，都得价钱一样，不然就闹。那天吃个鸡蛋，竟然还为谁的大了谁的小了哭了一顿，我可真是没法了。”

敏妈妈的话让我一下子回想起了那天的事情。我问敏妈妈：“那有没有一些事情让你觉得敏还是比较乖巧懂事的？”

敏妈妈几乎不假思索地回答了我的问题：“当然有，敏其实挺勤快的，平时都帮我干活。她也挺懂事的。那天我说带她去超市，她很高兴地对我说：‘妈妈，我要买一条围巾。’我就觉得奇怪，因为我刚给她买

了新围巾。结果我们敏对我说：‘妈妈，是给你买的。平时都是你给我们买了，今天去了，我也帮你买一条。’你别说，姑娘的话还挺让我感动的。”

敏妈妈边说边笑了。

我赶紧对她说：“是啊，敏是个懂事的姑娘。不过敏比较有个性，好胜心强，所以平时您总是要她让着弟弟，她会觉得你们向着弟弟忽略了她，她才会越来越不服气。”

“哦，也许真是老师您说的这样呢。她有时候也说我们重男轻女。”敏妈妈开始反思了。

“不如我帮你想一个办法。再遇到这样的事情，就让姐弟两个比赛，谁赢了谁先选择。”我对敏妈妈说，“你就让他们比赛讲故事，你和爸爸当裁判，谁讲得好，就让谁先来选择。”

敏妈妈听了，有些疑惑，但还是对我说：“嗯，我回去了试试。”

敏背着书包，一蹦一跳地跑出来了。我拉过敏对她说：“你妈妈刚才告诉我，因为你和弟弟总是为了一些小事闹别扭，她决定让你们比赛讲故事，每天和弟弟一人讲一个故事，讲得好的就得到一次选择的机会。谁赢了，第二天遇到要选择的事情，谁就有决定的权利了。你觉得好不好啊？”

毕竟每天都在坚持读故事书，听我这样说，敏兴奋起来，脆生生地回答：“行！”

敏妈妈看着女儿的样子，笑了！

正当我为自己“聪明”的办法暗喜的时候，敏妈妈给我带来了一个“不幸”的消息：“老师，我按你教我的去做了，可我儿子不干了。他说姐姐的书多，所以讲得好。他也要买好多书，这就非拉着我去图书市场给他买书不可。上周去了图书市场，光给他买书就花了一百多块钱呢。”

敏妈妈说这话的时候，已经没有了之前的焦虑，反而流露出几分欣喜。为敏妈妈的这几分欣喜，我高兴了好久！我相信，这两个孩子一定会沉浸在阅读的乐趣中的！

舞蹈队长

敏遗传了妈妈的优秀基因，身材非常好，个子也比同龄的孩子高一些。敏妈妈告诉我，敏在家里看到电视上有跳舞的节目，她就会不由自主地模仿，她想给孩子报个班学一学舞蹈。

我对她说："这个你可以征求她的意见，让她选择是否报班。但是你一定要调整自己的心态，你是为了让孩子有个兴趣和爱好，不是准备培养一个舞蹈家。孩子要是自己选择了，你可以对她提出一些具体的要求，比如按时上课，尽力按老师的要求练习等。让她学着为自己的选择负责。"

敏妈妈就帮敏报了个舞蹈班。其实这个班，就是附近学院艺术系的学生为了赚点外快办的训练班，也谈不上多么专业，无非是进行一些基础的训练。即使这样，敏的爸爸妈妈也是下了很大的决心让敏去的。敏家里也是爸爸一个人赚钱养家，妈妈则专职带敏和弟弟。所以这笔费用，对这样一个四口之家来说，也算一笔不小的开支。

敏在妈妈做这个决定的时候，再次表现出了乖巧和懂事。她对妈妈说："妈妈，你让我去吧，我回家了多帮您做家务好不好？"

本来还有些犹豫的妈妈听了这话，立刻就给女儿报了名。

这可是我们班第一个报名上艺术类课外班的孩子啊！这让班里那些孩子们，尤其是小女生，着实羡慕了一阵子。

敏自己也挺美的，经常在下课的时候给大家表演一两个新学的舞蹈动作，班上竟还有了好几个小"敏丝"。不知道是不是因为报班学舞蹈这件事，敏变得比以前更自信了。加上进进出出身后尾随着那几个小

"敏丝"，让敏颇有几分大姐大的范儿！

看到敏的变化，我隐隐觉得自己似乎还应该做点什么。恰好当时为避免男孩子们下课疯跑打闹，我提议他们成立了"特警队"。我忽然想到，干脆让敏带头成立一个"舞蹈队"，把班里那些和敏一样喜欢跳舞的孩子们组织起来一起锻炼锻炼。

和敏一说，敏立刻答应了。看着她兴奋地连蹦带跳跑远的身影，我忽然想起了那只"骄傲的孔雀"了。

敏这个"舞蹈队队长"，还真是尽责。她用我为队长们配发的日记本，记下了参加舞蹈队成员的名字，然后就立刻开始活动了。之后，以前"敏丝"追着敏跑的局面，换成了敏一下课就开始召集大家整队训练。从简单的形体训练动作开始，到一些基本动作组成的片段，敏带大家练得居然也有声有色。

开始的时候，敏会不断地向我告状："老师，然不好好练，都已经两天没参加活动了。"

我就教她："那你找她谈谈，问问有什么事了。"敏点点头跑了。

没几天又来了："老师，楠说没意思，想参加别的社团，不想练舞蹈了。那我们就只有五个人了。"敏一脸的无助。我赶紧鼓励她："没关系啊，谁这么快就离开，那说明她不是真的喜欢跳舞。当然，你也要想一想，增加一些怎样的活动，才能吸引大家。"敏点点头，又跑了！

过了几天，敏又来了："老师，哲说要参加我们舞蹈队呢，行不行啊？"我告诉她："你是队长，你决定啊！有人想加入，说明你这个队长带的队伍越来越有魅力了啊！"敏露出两排白白的牙齿，笑着跑了。

后来，敏找我越来越少，经常一下课我就看不到她了。

音乐老师带着几分惊讶问我："你们班排什么节目呢？经常在楼道看到你们班几个小姑娘在练习跳舞。那个瘦高瘦高的小姑娘是个头儿吧！说话干脆利落，指挥着一帮小孩儿，像个小老师一样。"我忍不住很自豪地笑了……

禁止打扰

“我老公看电视的习惯愣是被我姑娘给扭过来了。”敏妈妈操着一口晋地乡音对我说。

“这样的故事我最喜欢听了，说说怎么回事，让我陪你高兴一下。”我半开玩笑地对敏妈妈说。敏妈妈笑了，这笑容，让我嗅到些许幸福的味道。

“我家敏开始练习舞蹈的时候特别上瘾。那段时间，她都没空读书了，这让我挺担心的。我要稍微说她两句，她就跟我急。”敏妈妈说的这些，我都能想象出来当时的情景。因为这都挺符合敏的性格。“那后来呢?”我问她。

“后来，敏忽然回来对我们说：‘以后我读书的时候，你们谁都不要打扰。我是舞蹈队长，但是学习也不能落下，不然别人不服气不听我的话了。’我家姑娘太霸道了。”

听得出来，敏妈妈平时肯定也是拿敏没办法的。其实对敏这话，关注点本不该在这里，但是我知道敏妈妈的情况，就没有接着敏妈妈的话说什么。

敏的爸爸妈妈从小生活在大山里，夫妻两个都只上到了小学三年级。敏妈妈不止一次和我说：“我和他爸爸没有文化，我们也管不了孩子，您要多费心。”看得出，敏的爸爸妈妈对两个孩子寄予了厚望。

我正想安慰敏妈妈，没想到敏妈妈又有了新的担心了：“老师，我家姑娘是不是太容易受干扰了啊？我看人家孩子读书，读到入迷便会忘记周围环境，谁说什么人家就和听不到一样。我家敏就不行，她读书的时候，我和她弟弟谁都不能说话。吵到她了，她就会发脾气。”敏妈妈的无奈，让我很是感慨，可怜天下父母心啊！

“谁做事的时候愿意受到干扰啊。既然敏说出了自己的感受，那你们就尽力为孩子营造一个安静的阅读环境，不要打扰孩子读书，孩子这样的积极性家长一定要小心呵护。”我对敏的妈妈说。“还有就是，父母不要总拿孩子跟别人家的孩子比较，除非你想毁掉她。因为每个孩子的情况是不一样的。”敏妈妈看我这样严肃，连声答应着。

“那后来敏怎样扭掉了爸爸看电视的习惯啊？”我很想知道父亲在孩子的教育问题上，到底持什么样的态度。

“我老公一直都是晚饭后一边喝茶一边看电视，可是我姑娘这个时候是要先写作业然后读书的。她就对爸爸说，要是爸爸看电视，自己就会被吵得没法看书了。”敏妈妈对我说。本来之前的“姐弟大战”，就已经让这位年轻的妈妈焦头烂额了，现在居然又开演了一出“父女大战”，我暗暗为敏妈妈捏了把汗。

“我老公就跟姑娘谈条件，说自己可以把声音调小一些。可是我姑娘说了：‘不行，你只要有一点声音，我就读不进去了。我们老师说了，很多爸爸妈妈从孩子出生，就不买电视，就怕影响孩子。爸爸你就一会儿不看都不行啊？’她爸也没个别的爱好，不看电视就觉得很别扭，转来转去还是想开电视。我姑娘特别生气，干脆把电视一关，把遥控器拿走了。我老公也不舍得冲姑娘发火，就不看了呗。”

听敏妈妈这样说，我哑然失笑。我对敏妈妈说：“你可以让她爸和她一起看班级推荐的书啊，让他也成为一个爱读书的人。”

“哦，对，我回去了试试。”敏妈妈茅塞顿开，笑呵呵地走了。

其实后来我好几次想问问敏到底发生了什么事，怎么会觉得不好好读书，自己这个队长就会让别人不服气了呢？但最后还是作罢了。因为这些已经不重要了。现在敏有自己热爱的舞蹈，依然喜欢阅读，别的，都不重要！

萤火虫对父母说

有两个孩子的家庭，问题往往在于怎样让孩子之间形成尊重、谦让、和睦的关系。尤其是当两个孩子年龄差距小的话，他们基本处于相近的发展阶段，成长中的矛盾和问题，就会显得多一些。

1. 父母重男轻女的思想，不利于孩子的成长。

敏的父母都是从农村出来的，重男轻女的思想在他们的潜意识里或多或少存在一些。因为女儿是老大，他们自然会对儿子流露出偏爱的倾向来。这让敏感的姐姐受不了了。她为了捍卫自己的权利，就会跟弟弟争。其实可怜的小姑娘在争的过程中，也是在试探，试探父母是不是还爱自己，爱自己还有多少，比弟弟多一些还是少一些。这些微妙的心理活动，敏也许自己都未必很清晰，妈妈就更不明白了。可是恰恰因为妈妈忽略了这一点，敏觉得自己缺失了母爱。这便加剧了她在和弟弟之间的事情上所表现出来的斤斤计较。

2. 多为孩子提供他们更感兴趣的事情以吸引他们的注意力，减少纠纷。

父母送敏去学习舞蹈，这让敏切实感受到了父母对自己的爱和在乎。父母肯为了她付出对他们这个家庭来说不小的代价，这让敏的内心得到了极大的满足。之后她又担任了班级“舞蹈队队长”，这更培养了敏的责任心。这样，敏的注意力从每天和弟弟斤斤计较，逐渐转移到了自己喜欢的舞蹈和阅读上来，这最终定会帮助她处理好和弟弟之间的关系的。另外，敏的爸爸肯为了孩子改变自己看电视的习惯，这无疑更让敏体会到了父母对自己的重视。这些，都会成为敏和弟弟成长中的重要力量，促使他们朝良好的态势发展。

萤火虫对老师说

除了了解孩子，还是了解孩子！如果不能走进孩子的内心世界，不能了解孩子真正的心理需求，老师不仅无法帮助父母纠正孩子的某些问题，更无法处理好孩子在学校表现出来的很多问题。

1. **孩子没有太多真正需要成人来帮助解决的问题，他们往往需要的是一个好听众。**

敏在遭遇了和弟弟抢鸡蛋的事件之后，老师及时给予了关注，虽然老师并未真正解决敏的问题，但是这让敏有了一个倾诉的机会，对敏来说，这已经是当下最好的帮助了。我们可以仔细想一想，孩子们有多少问题是真正需要成人去解决的呢？

之后敏学习舞蹈和作为“舞蹈队队长”遇到的问题，是敏逐渐成熟起来的契机。老师在这个过程中并未过多的干涉，这使得敏的自主意识、责任意识都不断增强，这对她在家里对姐姐这一角色的认识，是非常有帮助的，敏很强势地改变了爸爸看电视的习惯就是一个证明。所以老师引导父母配合学校的教育，为孩子提供一个良好的学习环境，营造温馨和谐的学习氛围，这对孩子的成长来说是非常重要的。

2. **引导孩子从阅读中获取自己需要的能量。**

孩子的情绪需要疏导而不能压抑。如果一味地教育敏，让她拿出姐姐的样子让着弟弟，敏会越来越不服气，最终只可能变得抑郁，或者更加逆反。老师建议父母让姐弟之间展开竞争，而且是阅读、讲故事的竞争，这其实是将两个人之间的斗争，引导到了一条相对有价值的正当“竞争”途径上来。当然，竞争的真正目的，是让两个孩子的兴趣和爱好都转移到更有意义的阅读上去。因为只有那些伟大的经典作品，才是孩子们最好的老师。

第13章

挑战问题，聪明娃快步长

这是什么

“老师，流线是什么?”提问的小男孩，就是贺。

当时我们在学习一首海洋儿歌《海豚》：

海豚海豚嘴巴长，
流线身躯灰衣裳，
三五成群逐白浪，
穿梭碧海潜汪洋。

孩子们一边读儿歌，一边瞪大了眼睛看着课件上的图片。

对生活在北方的孩子来说，他们连大海都鲜有机会看到，对这些海洋生物，自然就显得更陌生了。所以课件里，我用了大量的图片作为孩子们知识背景的补充。尽管这样，对一些词语的理解，孩子们还是感觉比较困难。这不，贺的问题还真是问到点子上了。幸亏我在准备这首儿歌的时候，特意查了一些资料提前做了功课，不然还不被这小子的“突然袭击”给击中了。

但是我没有立刻回答他的问题，而是“踢”了个“皮球”：“哦，贺这个问题不错，你们觉得流线是什么？谁能把自己的理解说一说?”孩子们一下子愣住了。

其实，这是我预料之中的。这是一群只有六七岁的孩子，让他们理解“流线”这样的词语，哪里会那么容易啊。

当然，我抛这个问题，原本也不是为了让他们立刻回答。我让大家再看着图片来读两遍这首儿歌，不是说“书读百遍其义自见”嘛，在语境中理解，总比单独把词语拿出来理解要容易一些。更何况，晨诵的主要目的，本来也不是理解这一个或几个词语。

孩子们暂时放置了刚才的问题，继续读儿歌。读着读着，贺还真就自己找到答案了。

“老师我知道了，”贺的声音里是掩饰不住的兴奋，“流线是不是就是曲线啊？就和美女的曲线一样。”这可好，贺的问题没有难住我，他这个答案却把我给噎住了。孩子们听贺这样解释，“哄”的一声笑了。我使劲拍了拍手，大家才安静下来。

对贺的回答，我既不能接招，也不能逃避，于是我就故意装出严肃的样子，指着图片对大家说：“这两种线还是有区别的。这里的流线，指的是海豚身体的整个外形。前面圆滚滚的，越往后越尖，表面上光溜溜的。这种形状比较有利于海豚在水里快速前进。所以后面才说它是在海洋里穿梭，就是很快地游来游去。”贺微微歪着小脑袋，目不转睛地盯着图片听我讲。再读儿歌，他更认真了。

校讯通里，我和大家分享了这个课堂上发生的小插曲。贺的爸爸在周末给我的回信里说：“老师，我唯一的要求就是千万别给天真的孩子们过大的压力，让其幼小的身体大负荷强行循环，您说对吗？”

读着贺爸爸的回复，我很受触动。贺的爸爸也是这个村里的村民，城市扩张占用了土地之后，贺爸爸和别的乡民一样，找了个临时的工作养家。论文化程度，他也不是多高。就是这样一位父亲，在孩子的教育问题上有这样的认识和理解，这还真让我不得不刮目相看了。

但事实上，事情远非这么简单！

不买书让看吗

父母委员会出面组织筹建班级图书馆的时候，班里有九个孩子没有参与。贺就是那九个之一。

我没有问孩子们为什么，因为这件事原本就是自愿的，我担心让孩子们迫于老师的压力回家跟父母哭闹，让父母们以为学校搞摊派，这会不利于我们下一步的工作。

贺很是失落，尤其第一批图书到了孩子们手里的时候，看着大家兴奋地捧着手里的书，贺的眼神里满是羡慕。比起其他几个没有参与的孩子，贺的渴望似乎更强烈。

他甚至立刻对我说："老师，明天还可以让爸爸交钱吗？"

我对他说："当然可以了。"

其实当时我特别想向父母委员会提议，让这部分孩子也先看书，最终忍住了。这个决定是父母们商议做出的，我必须首先尊重参与者的决定，只能在适当的时候再提出建议。

后来发现，凡是让孩子们自愿参与的事情，贺都是那个不参与的。比如我们邀请音乐老师帮我们班开竖笛课，让大家自愿购买竖笛，贺没有；我让孩子们练习玩魔尺，大家自己准备魔尺，贺没有……

在一次我讲完了绘本故事《爱是一捧甜甜的蜂蜜》之后，孩子们自由表达了自己对爱的理解。贺的答案是这样的："爱是我爸爸妈妈答应给我买我想要的东西。"在贺的心里，父母对自己的爱，就是能满足自己的一些愿望。

我对贺越来越怜惜，于是我试图和他爸爸沟通："贺爸爸，孩子求知欲挺强的，该让孩子多读书了。你看我们的孩子们，都挺喜欢我们买的书的，贺也很喜欢呢。您看……”

我话还没有说完，贺爸爸就打断了我，很坚决地说：“他的书多着呢，没必要买你们那种都是图片，只有几个字的画书（绘本）。况且，这个年龄的孩子，就该多玩，每天读啊写啊，孩子哪里受得了啊！”我无语了。

中秋节到了，我为孩子们精心准备了一周的“快乐中秋节”主题晨诵课程。其中有一首儿歌是《中秋夜》：

中秋夜，亮光光，
家家户户赏月忙。
摆果饼，烧线香，
大家一起拜月亮。
分红柿，切蛋黄，
赏罢月亮入梦乡。
乘火箭，月宫逛，
看看嫦娥和吴刚。

下课的时候，有孩子问我：“老师，为什么人在月球上的时候，会像羽毛那样飞起来啊？”

我下意识地回答说：“那是因为月亮上没有引力，不能把人吸住。地球有引力，所以人在地球上就飞不起来。”

站在一旁的贺立刻问我：“老师，可是鸟在地球上，就能飞起来啊？”

我说：“因为鸟有翅膀啊，有翅膀当然能飞了。”

“可是，人为什么就不长翅膀呢？”贺又问。

天啊，这个问题我可真没有办法回答了呢！我只好坦白地说：“这个问题我还真不好回答，推荐你去看《十万个为什么》吧。这本书专门解答你们这种稀奇古怪的问题的。”

说到书，贺的脸色立刻变了，他可怜巴巴地说：“我爸爸不给我买。”

我摸了摸贺的头说：“其实你也可以同别的同学换书看，不一定每一本书自己都要买来读的。”

这件事迫使我做了两个决定。首先我在周末给父母们的一封信里，给大家讲了这件事，但是隐去了贺的名字。我说：“没有一个孩子是不渴望成长的，我们为他们的童年播下了怎样的种子，他们就会在未来拥有怎样的可能。恳请那些为班级图书角做出贡献的孩子的爸爸妈妈，请同意我的一个提议：让没有交钱的孩子也能读书。没有交钱的孩子的爸爸妈妈，一定有不得已的难处，我们要理解他们。从另一个角度说，让所有的孩子爱上阅读，最终还是为了我们自己的孩子。因为这个年龄的孩子，非常容易受到环境的影响。我们难道不希望自己的孩子，和一群爱读书、有上进心的好伙伴生活在一起吗？”

其次，我放弃了继续和贺的爸爸沟通，而是选择了约见贺的妈妈。

我对贺妈妈说：“孩子的求知欲正处在一个旺盛的时期，如果缺乏良性的引导，他就会把精力转移到别处。随着年龄增长，孩子一旦出现不良的习惯和嗜好，父母再想拉回来就不容易了。你说我们做父母的辛辛苦苦为了孩子，最后因为没有做到点子上，付出多少都等于零，多可悲啊。贺绝对是一个好苗子，真不希望他就这样浪费了。”

贺妈妈终于被我触动了，她表示一定支持儿子读书。

也许是知道自己阅读的机会来之不易，贺仿佛在努力把落下的时间补回来。下课的时候，别人都出去了，他连坐都不坐下来，直接站在座位边上就读起来了。我猜他可能是想，站着的话，读完了换书的时候不浪费时间吧！

后来，没等我收到父母委员会关于建议让没有交钱的孩子也看书的反馈，另外几个孩子的父母也都陆续把钱交上来了。我越来越体会到，

只有孩子的改变，才能让父母们越来越有信心。

我们写信吧

贺做事情，很有一股子韧劲儿，这让我不得不佩服。

学习了《星星和哨兵》的课文后，贺受到启发，和我商量：“老师，哨兵叔叔真辛苦，我们给叔叔写封信吧！”我说：“好啊，那你想怎么写啊？你可以号召大家一起写。”以为这就是孩子的随口一说，转脸我就忘记了。

下午的暮省课上，贺表现得很兴奋，他站起来对我说：“老师，我们可以给哨兵叔叔写信了吗？”

我没有掩饰自己的意外，瞪着眼睛环视了教室一圈，孩子们眼神里放着光，脸上是那种略带兴奋的微笑。我心想：“还真小看孩子们了！”于是我对大家说：“你们今晚回家，自己写吧！写完了交给我。”

没想到孩子们早有准备：“不行老师，我们要一起写，以咱们快乐小蜜蜂班级的名义来写。”

“那怎么写啊？”我问他们。

“老师，你打开电脑，我们每人说一句话，你打出来。”

此前为了鼓励孩子们，我帮他们录入过一本他们自己创作的作品。其实就是在他们的写绘作品的照片后面录入文字，彩印出来之后装订成册。看着自己创作的“书”，孩子们高兴得不得了。看来，这次我又要被他们拉来给他们做“苦力”了。

“老师，先要问‘哨兵叔叔，你们好’！”孩子们七嘴八舌地开始“写”起来了。“老师，我们问完好得先介绍一下咱们班吧，不然哨兵叔叔都不知道是谁给他们写的信。”“老师，我们先给哨兵叔叔讲讲我们为什么叫‘快乐小蜜蜂’班级吧。”

我也不纠正他们，只管按照他们说的先统统打了出来。等他们安静下来，我把他们刚才“写”的信读给他们听。

结果才读了开头的一点，贺就听不下去了，他说：“老师，这个太乱了！”

我追问：“哪里乱了？”

不知道是没弄明白我这样问什么意思，还是一时没有想好哪里乱，贺吐了吐舌头，没接我的话。

孩子们逐渐从刚才的激动中安静下来，我开始帮他们梳理：“你们写信给叔叔，就要想着叔叔就坐在你们对面，把你们心里想的话和想问叔叔的话，都按照顺序写下来。不是想起什么说什么。”

贺反应真的很快，他立刻开始调整：“那就先问叔叔好，然后把我们班介绍给叔叔。”

我一边表扬他说得好，一边迅速调整刚才打出来的文字。最后，我们一起完成了《小蜜蜂给哨兵叔叔的一封信》，孩子们显得非常兴奋。他们问我：“老师，什么时候寄信啊？”

我敷衍他们：“等我找到地址吧，有了地址立刻就寄。”

我本来以为，这类似创作课，完成了，就结束了。我这样答复孩子们，无非是拖延一下，等他们忘记这件事，也就算了。很多孩子，果然是很容易“上当”的，问了一次我说还没有找到之后，就慢慢淡忘了。可是贺就不行，他一直在惦记着这件事情。那几天见到我，几乎每次都要问我有没有找到地址。后来甚至还把他单独写的一封信和一幅写绘作品交给我，说让我单独帮他寄。

贺的追问，渐渐让我有了一种强烈的负罪感。我觉得这件事如果不给孩子们一个交代的话，我真无地自容了。

可是我找不到边防哨兵的地址啊？我只好再想办法。我打听到我们后勤李老师的儿子是某部队警卫连的战士，我的理解就是，虽然不在边防，但也算是哨兵了。

我于是拿着孩子们的信找到了李老师，恳请她帮我转交给她儿子和所在连队的战士，请他们帮我写封回信。李老师满口答应了，还问我，是要手写的还是打印的。

我一想："自然是手写的更真实，我可不能再骗孩子们了。"我于是告诉李老师，希望是手写的。

李老师说："没问题，交给我吧。"

信交出去了，我才觉得自己心里的一块石头稍微落下了一些。我终于可以坦然地告诉孩子们："信已经送走了，大家耐心等待回信吧！"

看着孩子们"噢！耶！"地欢呼着，我心里忽然有种说不出来的滋味。

贺还是盯我盯得最紧的。才隔了一天，他就开始问我："老师，哨兵叔叔回信了吗？"

我说："快到了吧！因为我说了要哨兵叔叔用手写，还要全连战士都写，所以估计要慢一些吧！"

幸亏李老师是个做事爽快利索的人，很快就给我带来了战士们的回信。从李老师手里拿到回信，我竟然也有了几分激动。

到了教室，我晃了晃手里的信，问孩子们："你们知道这是什么吗？"

"哨兵叔叔的回信！"孩子们大都还没有反应过来呢，贺就第一个喊出来了。

在孩子们兴奋和期待中，我在实物投影下面展开了这封来之不易的回信。

信里，李老师儿子所在连队的战士们，对我们班孩子们信里问到的一些问题，做了简单的回答。战士们还提出了他们的期望，希望孩子们多读书，增长知识，开阔眼界，练好本领，保卫祖国。

而贺呢，始终聚精会神一动不动地歪着小脑袋盯着我。在信的结尾，战士们每个人都认真签下了自己的名字。我认真地读出了这些名字。

有一位战士的签名我没有认出来，偷偷绕了过去，竟然也被细心的贺发现了。他提醒我说：“老师，您漏掉了一个。那位叔叔叫什么啊？”

我觉得还是做个诚实的人比较重要，就坦白地说：“不好意思，这位叔叔的名字我没有认出来，有机会了我们再问一下吧。”

孩子们都宽容地点了点头，只有贺还是不肯“放过”我。他说：“老师，您收到信了肯定有地址吧？我们再写一封信问问叔叔吧。”

我心里暗暗叫苦，只好“谁跟我过不去，我就跟谁过不去”了，我对大家说：“这件事我们就交给贺来做好不好？”

大家有些意外，都扭脸看着贺。贺居然像中了大奖一样小脸儿兴奋得通红，点头答应了。

我知道贺这个小东西，他肯定会写的。于是我只好坦诚地告诉大家，给我们写信的叔叔其实离我们很近，不是边防哨所的哨兵，而是附近部队警卫连的哨兵。贺的信只要交给李老师转交就可以了。

后来，贺果真写了一封短信交给了李老师，李老师儿子连队的战士们还回信说，要邀请小蜜蜂到他们那里去参观呢。遗憾的是因为种种原因，这件事最终没有成行。

很长一段时间之后，大家逐渐淡忘了这件事。一天早晨，贺刚进教室就走到我跟前对我说：“老师，您知道今天什么日子吗？”

我很意外，说自己不知道。

贺神秘兮兮地对我说：“是护士节！我们给护士阿姨写封信好不好？”

眼前的贺，天真单纯的眼神里，充满了试图触摸这个世界、与这个世界建立联系的渴望。我唯有祝福……

萤火虫对父母说

对于孩子的需求，现在的父母很少有不尽力满足的。对孩子未来的

发展，更是鲜有父母不是殚尽竭虑为孩子创造更好的条件的。其实，这也在某种程度上剥夺了孩子的童年。父母对孩子的教育，当如书写一篇散文，“形散而神不散”！也就是说，方法可以千变万化，但原则和目标这条主线必须清晰。

1. 父母给予孩子自由有余而引导不足的话，会造成孩子成长的“营养不良”。

孩子成长的“营养”首先是阅读。如果父母既给了孩子自由，又巧妙地让孩子喜欢上阅读，相信孩子的发展会更让人惊叹的！父母强调让孩子享受童年的快乐，轻松自由地成长，这无可厚非。但是，任何事情如果没了分寸，就会因突破底线而导致堕落。所以对孩子来说，真正的自由，是在父母的帮助下，有选择地拒绝那些干扰自己成长的不利因素，把宝贵的时间用到汲取滋养生命的丰富“营养”中去。贺所表现出来的对阅读的态度和他读书时候的状态，都说明他“饥渴”太久了。父母应高度重视孩子的这类精神渴求。

2. 不要扼杀孩子创造奇迹的能力。

孩子需要的其实很少，就是一扇窗而已，一扇能让他们和世界沟通的窗口。阅读、音乐、舞蹈、体育项目等，都有机会成为孩子通往世界的窗口。关键在于，父母是否把孩子带到了窗前。对成长中的孩子来说，父母要做的固然不应该是束缚和强迫，但也绝对不能太过随意。

萤火虫对老师说

面对孩子提出的千奇百怪的问题或者他们给予的答案，老师千万要心存敬畏，不能随意评价。这很有可能是孩子走向“天堂”或者“地狱”的分界点。

1. 对孩子的答案，老师不要轻易予以否决，要保护孩子的童真。

记得看到这样一个故事：在听一节公开课的时候，老师问孩子们观察到的春天是什么样的。一个孩子站起来回答："春天到了，小花还躺在枝头睡觉呢。"因为当时是早春，花还没有开，枝头只有花苞。可是这不是老师希望的答案，于是老师说："不对吧，你说的这还不是春天，春天应该是花儿绽放着笑脸。"我们可以想象，这结果对孩子来说意味着什么。贺就是这类难得的有独立思考能力的孩子。他不仅善于提问，还会积极寻求答案，这是一种非常难得的学习品质。老师要做的，应该是保护他们的这份童真。

2. **老师要引导父母成长，最终形成对孩子进行教育的合力。**

面对不太能够理解阅读对于孩子重要性的父母，老师要做的，不是一味抱怨或者简单放弃，而是不断把孩子因为阅读得到的改变和收获慢慢带给他们，让他们改变旧的观念。这一切的努力，最终都是为了孩子的成长。案例中，针对父母委员会做出的没交钱的孩子不能看书的决定，老师其实是可以尽早介入纠正的。只有让全班的同学都成为爱阅读的孩子，班级才会有一个良好的氛围。这道理需要老师来引导父母们明白。

3. **老师要尽量创造条件，满足孩子对世界探索的渴求。**

贺催促老师写信的事情，是贺对这个世界一次最真实的探索。他比任何孩子都渴望了解外面的世界，他比任何孩子都渴望听到这个世界的回音。老师应该保护孩子的好奇，更要尽力成全他。让孩子们在这件事情上体会到成就感，尤其是对贺这样的孩子来说，这是非常重要的。因为这次成功的体验，会鼓励他们继续探索更大更广阔的天地，张开自己的"触角"，能让他们勇敢、自信地面对未来。

第 14 章

慎夸外貌，美丽娃长智慧

漂亮不能夸

楠是个小美女！圆圆的脸蛋儿，一笑起来就会出现两个浅浅的小酒窝，长长的睫毛衬着一双乌黑的大眼睛，要说是人见人爱，一点也不夸张。加上她性格特别温和，见到谁都是先冲人家甜甜地一笑，想让人不喜欢都难。

在没有读到那个故事之前，我也喜欢夸这样的小孩儿漂亮。

那个故事说作者一位朋友在北欧做访问学者期间，去教授家里拜访。看到教授的女儿很漂亮，忍不住赞美她说："你长得这么漂亮，实在可爱极了。"教授在女儿离开后，很严肃地告诉这位朋友："你伤害了我的女儿，你要向她道歉。"朋友大惊："我一番好意夸奖她，伤害二字从何谈起？"教授摇摇头："你是因为她的漂亮而夸奖她，而漂亮这件事，不是她的功劳，这取决于我和她父亲的遗传基因，与她个人努力没有关系。但孩子还小，她不会分辨，你的夸奖会让她认为这是她的本领。而她一旦认为天生的漂亮是值得骄傲的资本，她就会看不起长相平平甚至丑陋的孩子，这就给孩子造成了误区。其实，你可以夸她的微笑和有礼貌，因为这是她努力的结果。"故事的结尾，作者这样感慨："孩子不是一件可供欣赏的瓷器或是一片可供抚摸的羽毛。他们的心灵像很软的透明皂，每一次不当的夸奖都会留下划痕。"

看到楠的时候，我莫名地想起了这个故事。所以，尽管我心里无数次觉得"这个小姑娘真漂亮"，可我还是尽量忍着不说出口。忍不住的时候，我就说：“你笑得太可爱了，让人看了心里真舒服啊!”她就会很不好意思地缩一下脖子，然后继续笑眯眯地看着我，倒也不至于羞涩到脸上泛红，或者扭头走掉。所以，我可以笃定，楠还是被夸得太多了。

楠的妈妈是个很讲究的女人，除了楠之外，她还有一个刚刚两岁多的女儿。按说两个不大不小的孩子，一般是会让一个女人焦头烂额的，但是楠的妈妈，从来都把楠和妹妹收拾得干干净净的，让人看不出是从农村出来的孩子。不过对楠的表现，妈妈也越来越犯愁了。

“老师，我们家楠楠怎么办啊？每天早晨起来出门之前，非得在镜子前面臭美半天不可，怎么催都没用。你说她现在就这样，以后大了可怎么办啊?”楠妈妈这样说的时候，满面愁容。

我能理解楠妈妈，但是一下子改变些什么，似乎也不可能。我只好先劝她：“女孩子要是邋遢了，会更让你发愁的。楠这样的表现也是正常的啊，等她找到了更值得付出精力的兴趣，她就不这样了。”

“那培养她什么兴趣比较好啊？她倒是喜欢跳舞，可是我哪里有时间去接送她啊?”楠妈妈急切地说。

“可以自己在家里跳啊，比如看着光盘学，看着电视学，都可以。如果她是真的喜欢，自己就会想出办法的。”

“唉，但愿是吧。不过她回家了妹妹老是缠着她，有时候我忙起来也会让她帮我看一下孩子什么的，也是没办法。”楠妈妈无奈地说。

楠妈妈说的这种情况，其实在很多家庭中正逐渐成为一个非常现实的问题。“那就让姐姐带着妹妹一起跳啊，一边玩一边学。”我不知道这个建议是否会有效果，但这也是目前我能提出的最好的建议了。

没想到的是，情况越来越严重！这让楠的妈妈很崩溃。

一次早读的时候，楠迟到了。妈妈送楠进来之后，哭笑不得地告诉我：“要出门了，非说我给扎的小辫不好看，闹着要这种。不给重新扎就哭。这不就迟到了。俺这个闺女，我可真没办法了。”楠今天的小辫是用彩色的橡皮筋一个挨着一个围着头顶扎成一串的，的确非常漂亮。

“可是，她怎么会知道小辫可以这样扎啊？”我有些疑惑。

“看我们院里有个小姑娘就是这样的，回来就要。我以为她说着玩，结果今早就跟我闹上了。我得赶紧上班去了，不然我也得迟到了。”楠妈妈说完，赶紧走了。

看我跟她妈妈聊了好久，楠心里大约有些不安，一个早晨都没敢看我，但是晨诵的时候看上去还算认真，我也就没有跟楠说什么，心想：“等有合适的机会再说吧。”

结果，刚下数学课，李老师就跟我说：“拿楠这个臭美妞可没办法了，一节课在那里弄那一头小辫儿，一会儿摸摸一会儿摸摸。我过一会儿就得过去扒拉她一下，悄悄把她的手拿下来。”

李老师的话把我逗乐了：“原来你这个老师上课也搞小动作啊！”于是，我决定把下学期才学的《美丽的公鸡》这篇课文，先当成故事来讲给孩子们听。课间休息的工夫，我找出了几幅图片，简单制作了一个PPT，就去了教室。

每次我说要讲故事的时候，孩子们就会特别兴奋。纠正了好久，我才终于让他们把“热烈欢呼”变成了“安静端坐”。我环视了一遍教室，确定已经和每个孩子都对视之后，就开始讲故事了。

其实这个故事对孩子们来说，并不难，甚至有的孩子一边听故事，一边都忍不住想发表意见了。

我问孩子们：“真正的美丽到底是什么？”孩子们都能回答出来：“是心灵美。”我就继续问：“你们穿了好看衣服我能看到，你们梳了好看的小辫我能看到，可是你们的心美不美我怎么能看得到啊？”孩子们一下子不说话了。我也不说话，只是翻开公鸡和几个小伙伴的对话，重新读了一遍，然后继续看着他们。

“老师，做好事就是心灵美。”有个声音响起来，其他同学也开始附和。

“哦，怎么做好事就是心灵美呢？得举个例子来说说。”

“青蛙捉害虫保护庄稼，啄木鸟给老树治病，它们都是做好事帮助别人，就是心灵美。”快嘴的娇站起来了。

“那公鸡怎么就更美了？”

“给人们打鸣，叫人们早起。”孩子们很顺利就理解了。

“那我们呢？我们怎么就更美了？”

“帮助别人。”“听老师的话。”“听爸爸妈妈的话。”“好好学习。”……

我知道故事可以挖掘的内涵还有很多，而楠的改变也还需要很多时间，但是，我想我总有一天会让孩子们懂得：外表是父母给的，打扮做到得体就好，重要的是充实自己，让自己的生命更有意义，更有价值。

为爷爷祈福

一天早晨，我走进教室的时候，楠的样子把我吓了一跳：她辫子也没有梳，头发乱蓬蓬地散着，衣服还扣错了一个扣子，正站在自己的座位前哭得稀里哗啦的。我赶紧走过去，一边轻轻拍着她的后背安慰她，一边问她怎么了。楠一边哭，一边抽泣着断断续续地给我讲了原因。原来是楠的爷爷忽然病重了，父母把楠托付给一位老乡，就带着妹妹回了老家。

开始的时候，我以为楠是觉得剩下自己一个人了，觉得孤单、害怕，就安慰她说：“没关系，你要是觉得孤单，可以打电话给爸爸妈妈。”楠一边抹着眼泪，一边对我说：“我奶奶去年才死了，现在我爷爷又病了，要是我爷爷也死了，我就没有爷爷奶奶了。”小孩子说话，完全没有任何忌讳，他们只是单纯地把自己的想法说出来。

楠的妈妈估计走得太急了，没有顾得上给我打电话，我也不了解具体的情况。看着楠哭得这么难受，我心里有些没底，不了解老人家的状况到底有多严重，一下子竟然不知道该怎么安慰这个孩子。我只好轻轻揽住她的肩膀，一边让她哭，一边说：“没事没事，别太担心了。”

这时候，班里的孩子慢慢多了。大家都围拢过来，有张大嘴巴发愣看着楠哭的，有悄悄问着先来的同学的，想知道发生了什么。眼看要上课了，楠还没有要停下来的意思，而且孩子们的好奇心一时半会儿也是抑制不住的，这个时候要摁住他们上课，那效果可想而知。

“算了，”我心想，“这节课讲故事吧。”我想起了资料包里一个《长大做个好爷爷》的绘本故事，决定借这个机会，送给孩子们。

“孩子们，今天早晨的事情你们也都看到了。楠是因为爷爷生病了，到现在还不知道情况怎么样呢，很担心，才忍不住痛哭的。”听我这样说，孩子们都把目光投向了楠。这时候，楠眼泪还在流，但是哭声已经止住了。

“这节课，我们不讲课文了，讲故事，好吗？”孩子们还是很乖巧的，尽管脸上露出了兴奋，还是懂事地没有喊出来。他们大约也都在考虑楠的感受吧。这让我很欣慰。

打开电脑，找出 PPT，投影上就出现了这个故事。

“每个星期五，小小熊都去看望他的爷爷……”我声音缓缓地讲述着，为了给孩子们留下充分的时间来看图，来体会。故事是如此神奇，教室里安静极了。楠也停住了哭，瞪大着眼看着大屏幕上的图片。

我就这样把这个故事带给了孩子们，因为不知道楠的爷爷现在处于什么样的状态，我不敢把楠直接带入故事里让她成为小小熊。我只能把故事当成小小熊的故事来讲，让她借此联想到自己。最后一遍是孩子们看着图回忆这个故事，每个孩子都可以把自己想成小小熊。这样的处理对楠来说，应该是一种较为温和的抚慰了吧！

故事结束了，机灵的旺喊道：“老师，我们为楠的爷爷祈福吧！”我还没回过神来，孩子们都已经纷纷响应了：“好啊好啊！”我也不知道这些小家伙们是怎样知道“祈福”这个词的，总之那一刻，他们稚嫩的脸庞和略显凝重的神色让我无法抑制住内心的一种感动。

“好吧，我们一起来，祝愿楠的爷爷早日康复。楠，你的坚强也会成为爷爷战胜病魔的力量。”楠看着我，微微点了点头。

我能感觉得到，此刻大家真诚的关心，暂时缓解了楠的情绪。

没过几天，楠的妈妈回来，说楠的爷爷的确得了重病，已经做了手术了。楠的爸爸在老家照顾老人，她回来照顾两个女儿。我告诉她：“有什么需要我们帮忙的，你尽管说，一个人带着两个孩子，还得上班，不容易！”

这要问爸爸

除了聪明乖巧，楠和那些一眼就看得出来鬼灵精怪的孩子们不同，用当下流行词来说，楠是那种“冷幽默”型的。

在诸多喜欢楠的人群中，我们后勤组的李老师尤甚。有事没事的时候，她就愿意跑到我们教室里，看看楠，或者逗着楠玩一会儿。楠就像一个天使，能带给大家很多欢乐。

一天下午放学，楠在教室里等妈妈来接，我坐在讲台桌批改作业。李老师过来了，看到楠还没有走，就问她：“你妈妈是不是忘记来接你了？那今天你就跟着老师回家吧。”

一般孩子可能会本能地说：“我不去。”也有的孩子会什么也不说，或者笑笑了之。楠没有，她抬头看着我，转脸冲李老师笑了，问李老师：“去我们老师家吗？”

李老师大约也没有想到会这样，说：“对啊，给你们老师做女儿算了。”

“那老师就是妈妈了？”楠天真地问。

“是啊，行不行啊？”李老师继续逗她。

“我也不知道，那得回家问问我爸爸。”楠忽然蹦出这样一句，我和李老师忍不住都被她逗乐了。

楠似乎没有明白过来我们俩在笑什么，有点不好意思了，她缩了缩脖子也跟着笑了。

第二天，楠的妈妈送孩子的时候找到了我，说：“老师，孩子能不能托付给您几天啊？我们掏钱，让她跟着你吃住。”

我很惊讶楠的妈妈这样说，虽然之前我说过她有什么困难我来帮助，但是我知道楠的爷爷病情已经稳定了，她爸爸也已经返回来上班了，怎么还会有这样的请求啊？

我有几分纳闷，问楠妈妈：“出什么事了吗？”

楠妈妈说：“楠昨天回家，说要去老师家住，还说老师答应了的。我怎么说她都不听，撅着嘴跟我闹。”

“天啊！”我心里暗暗叫苦，“不会是我和李老师的玩笑惹的祸吧！”

“让我来和楠说吧。”我一边安抚楠妈妈，一边想怎样才能让楠安下心来。再看看楠，还在那里撅着小嘴，眼圈红红的。我没敢立刻跟楠说什么，只是轻轻摸了摸她的小脑袋，就和楠妈妈一起出去了。

我问楠妈妈：“晚上一家人都在家的时候，你们都陪楠和妹妹做什么？”

“我们都没怎么管过两个孩子。就是给她们洗衣服、做饭，下班回来收拾完这些，早累得不行了。楠就是自己写会作业，然后睡觉了。小的要是闹，我就哄哄她。”楠妈妈是个干练的女人，能想象出来家里会被她打理得怎样整齐洁净。但也许，这正是问题的症结所在呢。

转身回到教室，我问楠：“楠，你告诉老师，为什么想跟老师回家啊？”楠还是撅着嘴不说话。

“你不告诉我，我怎么带你回家啊？”我笑了笑，看着楠。

“老师能给我讲故事，我妈妈不给我讲，光让我看妹妹。”楠还是很委屈。

“哦，妈妈为什么让你看妹妹啊？那妈妈在干什么？”

“妈妈给我们做饭、洗衣服什么的。”

“是啊，妈妈还是在为你们这一家人辛苦操劳呢，你帮妈妈看看妹妹，是减轻了妈妈的负担，这是一个好女儿应该做的啊！”我想努力解开楠心里的这个结。

“可是，妹妹很烦人，一会儿这样，一会儿那样。”楠皱着眉头说。

“哦，你有没有问过妈妈，你小时候是不是和妹妹一样让妈妈烦过啊？”我逗楠，她不好意思地笑了。

“回家帮妈妈做一些力所能及的事，然后让妈妈能有更多的时间陪你和妹妹，这样才好啊！”我跟楠说完这些，楠皱着的眉头还是没有完全散开。

我把和孩子的这番谈话告诉了楠妈妈，然后嘱咐她说：“爱的缺失对孩子的成长来说是很可怕的。对楠这个年龄的孩子，父母要多陪他们读读书、讲讲故事、做做游戏什么的，千万别一扔就算了。”

萤火虫对父母说

看到漂亮的孩子，情不自禁地去夸奖他，这是很多大人都习以为常的事情。殊不知，这可能会害了孩子。漂亮不是孩子自己努力得到的，这样的赞美容易让孩子变得虚荣。只有孩子自己努力得到的东西，才是值得赞美的。我们的父母，都应该懂得这个道理。

1. 漂亮和聪明都不能夸，否则，容易让孩子变得虚荣和肤浅。

父母如果有幸有一个漂亮的孩子，一定要小心，不要把这种幸运变成孩子的不幸。如果能引导孩子正确看待美貌，可能会成就一个孩子；

但是如果没有帮孩子树立正确的态度，则很容易毁掉一个孩子。家长一定要让孩子知道，聪明和漂亮如果没有后天的勤奋努力作为根基，是很难真正有所成就的。

如果孩子很注重自己的外表，父母一方面要反思自己日常的言行是否误导了孩子，要时刻警醒自己，另一方面要想办法帮助孩子转移注意力，让孩子养成良好的阅读习惯，这样才能让孩子体会到，知识的积累、道德层次的提高，对自己的成长才是最重要的。一旦孩子陷入低层次的满足，他就丧失了更高的精神追求。

2. 如果父母总认为孩子小而对其隐瞒一些事情，孩子就会产生恐慌，久而久之变得没有担当。

父母有事离开孩子，一定要给孩子一个明确的交代，安抚好孩子的情绪。如果可以的话，父母尽量不要打乱孩子原有的生活习惯，因为生活秩序和习惯的改变会让孩子产生恐慌。父母应该让孩子有一个合适的心理缓冲期。父母对孩子的隐瞒，会削弱孩子和家人一起承担所面临的问题的责任感。从长远来说，这对孩子的成长是不利的。只有让孩子真正认识到自己在家庭中的角色和地位，孩子才会以积极的心态和行动投入生活，最终完成自我认同的成长过程。

萤火虫对老师说

老师借助故事纠正孩子的一些问题时，故事可挖掘的内涵，以及可以抵达的深度，都应该根据学生当时的生命状态，以及整个班级的氛围来灵活掌握。如果说教的痕迹太过明显，目的性太强的话，孩子是会觉察到的，这样便会适得其反。

1. 无论面对什么样的问题，老师一定要首先给予孩子安全感。

当孩子面对突发事件无法适应的时候，老师一定要把安抚孩子的情绪作为最重要的事情认真对待，第一时间给予孩子足够的安全感。此时引入故事不宜生硬，更不能用容易激起孩子对伤痛的回忆并强化孩子这种情绪体验的方式来讲述。如果班级其他成员参与进这件事情，老师则应该让大家走出简单的同情和怜悯，用一种更容易让孩子接受、更容易帮助孩子坚强起来的方式，哪怕仅仅让孩子觉得“不用怕，有大家和我在一起”，也许，这就足够了。

2. **老师对孩子承诺要谨慎，不能太随意，否则会让孩子失去对老师的信任，甚至是失去对周围世界的信任。**

曾子杀猪的故事是耳熟能详的。我们成人，尤其是在孩子心目中极其有权威的老师，更要谨慎承诺。老师如果承诺了，却无法满足，这会让孩子失望，并会严重损害孩子对老师的信任。比如案例中楠非要跟老师回家这件事，其实就是造成了楠对老师的误会。当老师拒绝楠的时候，无论找出怎样合理的理由，其实在楠的心里，还是留下了伤痕。案例中，老师最后追溯楠执意这样做的原因，并帮助楠的妈妈采取积极的方法从根本上解决问题，这样做对楠来说，是很必要的。同时，这也提醒了我们，即使是和孩子开玩笑，也要非常慎重。

第 15 章

父亲归位，顺从娃有主意

三遍和一行

这个叫欣的小男孩，人和他的名字一样文静、秀气。我开学好久了还总是写错他的名字，这个腼腆的小男孩忍不住了，开始给我纠正："老师，我的名字是斤字的那个欣，不是新旧的新。"

我只好说："哎呀对不起，因为你们都是新教育的孩子，我一念你的名字，就会想到新教育的新了。"他很大方地冲我笑笑，露出两个小酒窝，然后转身跑开了。

其实欣的胆子很小，属于特别听话的那种类型。不知道是学前教育还是家庭教育的"强大"力量，这个孩子有着特别强的规则意识。

比如他的坐姿永远是最端正的一个，只要一见到老师走进来，不管他正在做什么，他都会马上挺直了身子坐好，目视前方，等待老师发号指令。他的作业永远是最工整的一个，只要是老师留的作业，他每一样都会认真地完成。有时候他甚至还觉得老师留的作业少，要求妈妈给他多布置一些作业来做。

欣的妈妈在写给我的回信中说："老师，您布置的作业还没有孩子在幼儿园的时候多呢。我们欣挺喜欢写作业的，希望老师多留一些作业给孩子们练习。"说真的，教书这么多年，抱怨老师给孩子留作业多的不稀罕，可是要老师多布置一些作业的父母，还真是不多见。这也让我知道了，这个孩子是多么"喜欢"完成老师给布置的作业。

有一次我们学完了字母，描红之后我让大家把每个字母写三遍。欣就忍不住提议："老师，每个字母写一行吧。"我不知道他的妈妈或者幼儿园的老师是不是就是这样来布置作业的。我笑笑对他说："如果都会写了，而且还能写好看，就不用写那么多了。当然，如果你喜欢，可以多写一些。"这个时候，大部分孩子都用很复杂的眼神看着欣。不知道大家是希望老师千万不要听欣的话，还是羡慕欣居然不会嫌麻烦，抑或，是想以欣为榜样。总之欣总是第一个认认真真地写完之后拿给我看。

欣在写作业的时候，非常专注。因为个子不高，他坐在教室的第一排。每次看到他，他都在那里非常努力地一笔一画地写着什么，连我走到他跟前他都发现不了。也许正是这样的缘故吧，欣练就了一手好字。即使是写错的字，也工整得让你似乎有些不忍心圈起来。

但是慢慢地，我就发现了问题！我发现欣喜欢写的作业，大部分都是那种抄写类的，如果是那种需要动脑筋的，他的喜欢就会大打折扣。

后来跟他妈妈聊起，他妈妈告诉我："其实欣每天的作业都是我陪着他写的，遇到那种需要自己动脑筋回答的问题，他就会问我，我提示一句他写一句，好像那样的题目对他来说太难了，我不提示，他就不会写。"

"就算孩子再喜欢写，如果一直写的只是没有思考抄抄而已的作业，这样的作业有多大价值呢？那些需要他动脑筋的问题，你都提示了，他自然也就不用自己想了。反正有妈妈呢，他还愁什么？时间一长，自然就换成你这个妈妈发愁了。"我忍不住批评她。

欣妈妈知道我的用意，也不计较，好脾气地笑了笑没说话。我提醒她说："以后要试着让孩子对自己的事情做出决定，妈妈别什么都包办。如果孩子写完了固定的作业，就让他挑战一些有难度的，这样慢慢积累，才会让孩子真正树立起自信心来。"

缺失的一角

与欣和欣妈妈接触久了，我越来越感觉到，欣爸爸似乎是欣生命里“缺失的一角”。

欣的妈妈性格很温柔，属于中国传统的贤妻良母的类型。欣妈妈没有固定的工作，曾经有一段时间带着欣给人家看早点摊。她早晨五点钟起床，给孩子收拾好之后，六点钟开始去帮人家看摊。七点半送完孩子上学之后，她还回去再干一会儿，九点左右就结束了。每个早晨，能挣到十块钱和他们娘俩的一顿早饭。

欣妈妈说自己不去离家远的地方找工作，因为那样的话就照顾不了孩子。她觉得欣爸爸没时间管孩子，如果妈妈再经常不在身边，孩子真不知道会怎么样。

虽然欣被妈妈无微不至地照顾着，我却总感觉在这个孩子身上缺少了点什么。比如他和小朋友一起玩的时候，从来不在地上爬呀或者躺啊，衣服也总是干干净净的。他从来不和别的孩子吵架、打架，也没有一般小男孩的那种淘气和顽劣。就是和小朋友生起气来，他也一定是最先妥协的那一个。他甚至连跑起来都少了一些他这个年龄的孩子应该有的那种放松。他总是很拘谨，拘谨得让人看了着急；他也一向都很懂事，但懂事得让人觉得心疼。

欣还是一个特别惧怕失败的孩子。他为了不让自己因为回答错了问题而尴尬，上课的时候很少举手。尤其那些需要动脑筋的问题，除非答案是唯一的，且他笃定自己是正确的，否则他宁肯做个单纯的“听众”。

有一次我们上语文课，讲《荷叶姐姐》。我问孩子们：“荷叶姐姐在池塘里，还给谁遮雨了？”

其实这是一个发散性很强的问题，小鱼、小虾、青蛙、蝌蚪之类的答案，都是正确的。入学的时候我们就晨诵过小动物主题的儿歌，他不会没有这方面的知识背景。可是欣仍然只是眯着眼看着大家举手，眯着眼看着我点评，自己就是没有站起来。我也曾试着用《跳水板》这首诗来触动他，但都没有看到效果。

后来我了解到，欣几乎是只在妈妈陪伴下长大的。欣的爸爸是个厨师，而且在离家很远的一个饭店工作。常常是早晨欣还没有起床他就走了，晚上欣已经睡了他才回到家。听欣的妈妈讲，孩子常常一个星期，甚至一个月都见不到爸爸一次，更别提父子俩能说说话或者一起玩玩什么的。

我于是向欣的妈妈建议："你还是要和欣爸爸好好谈谈，让他尽量抽时间陪陪孩子。平时你和孩子一起读书的时候，要注意让爸爸的形象在孩子心里丰满起来。你要让孩子感觉到爸爸就是权威和力量的象征。尤其要注意的是，孩子自己能做的事情，一定要让孩子自己来做。总是你来包办一切，孩子怎么长大啊！"

有一次放学，欣乐颠颠地跟我说"再见"之后，并没有立刻就走，而是绕过讲桌站到我面前，仰起小脸对我说："老师，今天是我爸爸来接我。"看欣的神色，我更确信我的理解是对的，欣爸爸是欣生活里缺失的一角。幸好，这一角，正在渐渐归位。

但是，欣还有一个缺失的"角"，那就是妈妈过早给予的"准确"。其实欣和所有的孩子一样，有着很强的好奇心。比如他会问妈妈："月亮为什么有时候是圆的，有时候是弯的啊？"欣妈妈就告诉孩子："因为月亮绕着地球转的，地球绕着太阳转的，转着转着……"这种貌似准确的答案，最终却是让孩子缺失了一角——想象力的"角"。

漂亮的大公鸡

自从有了父亲的陪伴和关注，欣开始慢慢发生变化了。欣妈妈觉察到欣的变化之后，也很高兴。

秋天到了，我们的“小蜜蜂们”走进了“踏叶寻秋”的小主题课程。我们读了很多关于秋天的诗歌，还讲了《落叶跳舞》等很多关于秋天的绘本故事。那个周末，我们聪明的美术老师小丁老师给周末亲子乐园布置了制作落叶贴画的任务。他很笃定地对我说，孩子们的作品一定很精彩的。听他这样说，我不免也多了几分期待。

周一的时候，孩子们把作品都带来了。赟用冬青的叶子做成一只小乌龟；然是用掉落的花瓣拼成一个小姑娘的小脸，萱用花梗和叶片做了一个正在舞蹈的小姑娘……当我看到欣的作品的时候，简直惊呆了。

欣和爸爸妈妈一起做的，是一只昂首挺胸的大公鸡。这只公鸡高昂着头，尾巴翘得高高的，浑身的羽毛呈绛红色，是用狭长的枫树叶子做成的。欣显得很兴奋，小心翼翼地捧着他的公鸡给我们看，他的脸上甚至还难得地流露出几分得意。

“这真是一只可爱的公鸡哦!”我和丁老师都赞美他。欣更兴奋了：“这是我爸爸妈妈还有我一起做的。”

我一听，心想：“难怪，还是这个厨师爸爸有创意啊!”我于是故意用有几分夸张的语气问他：“欣，快给我们说说，你们是怎么做成这件伟大的作品的!”欣看我们对他的作品这样感兴趣，更兴奋了，兴致勃勃地给我们讲了起来。

那个周末，作为家委会负责人之一的欣妈妈，组织班里另外几位妈妈，带着孩子们一起去了附近的公园。她们组织孩子们背诵了我们那段

时间学习的关于秋天的儿歌，让孩子们进行绘本表演、结成小组做游戏，最后在小树林里捡了很多落叶，各自回家制作贴画了。

欣说，爸爸因为生病正在家休息呢，就和妈妈一起陪欣做起了树叶贴画。做大公鸡的创意，是欣想出来的。他觉得那一条一条的枫叶，很像公鸡的羽毛。公鸡的轮廓是爸爸先贴出来的，然后欣和妈妈一起贴出了公鸡的身子，最后爸爸又帮忙做出了脑袋贴上眼睛，就有了我们眼前这幅精美的作品。整整一个下午，他们一家人沉浸在制作树叶贴画的乐趣中了。

欣一边用手比画一边讲，大约是太激动了，说话都有点打磕巴。看着眼前手舞足蹈的孩子，我觉得自己忽然失语了。

之后的很长一段时间，我只要看到欣，都会想起那只漂亮的大公鸡！

我也喜欢书

和所有的孩子一样，欣喜欢听故事。当然，和很大一部分孩子相似，欣还没有喜欢上自己阅读。很多低龄的孩子喜欢的是妈妈给自己讲故事，欣就是这些孩子当中的一个。

班级图书角成立的时候，欣妈妈自告奋勇担任了老师的助手，协助图书的购买、分类、整理等工作。她说："我就想让我儿子喜欢上读书。都这么大了，他还总是让我给他读。"

我了解欣妈妈的这种无奈，但是没有哪个孩子是天生喜欢或者不喜欢读书的，都是受到后天环境影响的结果。我告诉她："孩子读起来有困难的书，你可以陪孩子一起读，然后再让孩子自己读。但是面对一些简单的书，你可以成为一个比欣还小的'孩子'，请他给你讲啊！"

欣妈妈习惯性地笑了笑，“嗯”了一声，然后，不知道是对我还是对她自己说：“慢慢来吧！”

针对这部分孩子，我选择了两个绘本故事：一本是《我讨厌书》，一本是《我喜欢书》。

《我讨厌书》这个故事讲的是一个叫米娜的女孩子，她讨厌所有的书，更讨厌去读什么书。她家里到处都堆满了各种各样的书。一次她的小猫把书堆搞翻了，结果让书里的动物都从书里跑出来掉到地板上，把房间挤得满满的！米娜大叫让这些动物们都回到书里去，可是根本没有谁听她说什么。后来米娜想出了一个好办法。她拿起一本书高声地读了起来：“很久很久以前，在一个很远的地方……”渐渐地，动物们停止了打闹，最后回到了属于它们的故事书中去了。当最后一只兔子回到书中后，米娜感觉有些孤单。但是书还在，那些故事都还在，于是米娜喜欢上了读书。

之后，我就让这个故事里的故事陪伴着孩子们。当然，有时候我会“很累”，故事讲到半截的时候，我让孩子们自己读几页，因为我要稍微休息一下；有时候我会比较“忙”，好听的故事可能只开了一个头，我就得去处理一些“要事”，剩下的只好交给他们自己读下去了……但最后，我们总还是会一起重温一遍这些故事。

一段时间之后，我又把这本《我喜欢书》带给了他们。我不断地观察着孩子们的变化，一遍一遍地问自己：“他们喜欢上书了吗？”

欣开始在我讲绘本的时候举手了。虽然还是只选择那些简单的问题回答，但他起码让我知道了，他在坚持阅读，也正在尝试着思考。我告诉欣妈妈：“别急，让我们陪孩子慢慢来！”

萤火虫对父母说

父母有时候为了省心，对孩子的问题总是习惯性地选择用最简单的

方法处理，最常见的就是直接告诉一个答案。其实父母更应该做的，是在孩子们有某种让自己感觉意外的表现的时候，好好想想，孩子心里到底在想什么，我们给予孩子的真是他们需要的吗。

1. 对孩子提出的问题，父母如果只是简单给出答案，会让孩子的思维变得越来越懒惰。

案例中欣妈妈说自己在陪孩子写作业的时候，孩子遇到问题，妈妈就提示一下。妈妈提示不是不可以，但一定要在孩子跨不过去的地方提示，并且提示应该是给孩子一点启发，让孩子能够找到思路寻找答案，而不是直接给孩子答案。如果仅仅把答案给孩子，这会让孩子的思维变得懒惰起来。

父母要善于借助故事打开孩子的想象，因为准确的答案也许不止一个，而想象可以无穷。父母如果善用，很多机会都可以成为对孩子的最好的教育契机。

2. 父母要关心孩子，但不能过度关注，否则容易让孩子变得不安。

父母只需要在孩子遇到困难的地方拉一把，而不用时时刻刻事事都盯着孩子。太过“听话”的孩子，往往容易失去自我，做事没有主见，遇事“胆怯”畏手畏脚。欣的妈妈因为欣爸爸没有时间照顾孩子，不仅一个人担起了照顾欣的责任，还因为觉得对孩子有“亏欠”而加倍付出。但其实对欣来说，再多的母爱，也无法替代父爱，除非有另外的方式弥补。而这种关注的过度，导致欣产生了极重的依赖性。

另外，欣的阅读“依赖性”产生的最主要的原因还是欣很少有机会挑战对自己来说有难度的阅读任务，因而他也就从来没有在挑战中体会到过满足感，遇到一点困难就会本能地求助妈妈。这个时候如果妈妈直接放手，欣也有可能彻底放弃。因而，父母对欣需要一个从“替”到“扶”最后到“放”的过程。

萤火虫对老师说

很多时候，老师比父母更喜欢听话的孩子。但是最终老师会发现，孩子如果不是养成了遵循规则做事，而是单纯地盲目地重复，这对孩子的成长是没有多大意义的。老师不能打击孩子的积极性，要了解其中深层原因，为孩子提供真正对他们有帮助的学习方法。

1. **老师对某些特殊孩子的问题，应及时向父母反馈，携手解决。**

缺少父亲陪伴的童年，对一个男孩子的成长来说，会成为一种难以弥补的遗憾。加上妈妈没有及时给予孩子安抚，欣形成柔弱的性格，也就不难理解了。老师可以推荐一些适合男孩子读的绘本故事，让孩子从故事中汲取到力量。同时，父母仍然需要尽量创造条件陪伴孩子。欣在父母陪自己做完手工作业之后那种兴奋，就是欣缺少陪伴最好的证明。所以老师要及时把孩子的表现反馈给父母，帮助父母了解孩子，以便更好地陪伴孩子。

2. **培养孩子的阅读习惯不是一蹴而就的事情，不能操之过急。**

在陪伴孩子阅读，让孩子形成阅读习惯的过程中，老师要根据孩子的性格特点以及阅读能力，尽量为父母提供一些指导性较强的、能够引导孩子阅读的具体方法。而在班级里，老师也要有针对性地选择共读的书目，帮助有阅读困难的孩子尽快培养起良好的阅读习惯。

另外，老师在给孩子们讲故事的时候，策略也很重要。案例中，老师故意停顿，目的就是为了充分调动孩子们的好奇心，激发他们阅读的兴趣，使他们沉浸在故事中受到感染和熏陶。

第 16 章

并肩飞翔，穷困娃有希望

一对双胞胎

娇和双是一对双胞胎，姐姐是娇，妹妹是双。要不仔细看的话，根本分不清楚这两个姑娘谁是姐姐、谁是妹妹。原本她们两个是在不同班级的，但是另一对双胞胎男孩儿想兄弟两个在一个班，就干脆把这姐妹两个也调到了一个班。这样，另外一个班里是一对双胞胎兄弟，我们班就有了这对“姐妹花”。

两个孩子是坐在一辆电动三轮车上被妈妈送过来的。这辆车，也载着一家人的生计。因为她们家是做废旧物品回收的，爸爸、妈妈、哥哥每天都开这辆车出去，在这个城市的大街小巷转来转去，靠微薄的收益讨生活。但是，这一家人有些颠覆了我对做这一行的人群的认识。

先是停在门口的三轮车。虽然是用来收废旧物品的，但是打扫得很干净，孩子们坐的车沿上还很小心地垫上了两个棉垫子。两个孩子下车之后，妈妈就会把垫子收起来，放在车座下的箱子里，等到下午接孩子的时候，再拿出来。两个孩子穿着一样的粉色短袖衬衫，奶白色的蓬蓬裙，脚上是粉色的凉鞋，还很讲究地穿了一双白袜子。因为她们得体的仪表，我是在很长时间之后才知道孩子妈妈的工作。

然后是她们的微笑。妈妈中等身材，操劳的痕迹留在了她脸上的皱纹里，留在了她粗糙的手掌上，但是无损她的微笑。不管她的眼神碰到谁，谁都会忍不住被她的微笑所感染。两个孩子一定也是受到了妈妈的影响，每天都乐呵呵的。

“老师，孩子不听话，就说她们啊!”妈妈一手拉着一个孩子，虽然嘱咐老师“说她们”，但藏不住浅浅的担忧。

两个孩子呢，听妈妈这样说，略带羞涩地笑了。左边的一个（当时我还辨不清哪个是妹妹哪个是姐姐）还耸耸肩膀吐了吐舌头。

我从妈妈手里接过两个孩子的手，问：“你们谁是姐姐，谁是妹妹?我以后怎么分清楚你们俩啊?”其中一个先开口了：“我是娇，我是姐姐。妹妹这里有颗黑痣。”旁边的双听姐姐这样说，很配合地把嘴角一颗小米粒大小的黑痣指给我看，那副天真的样子一下子把我逗乐了。

听妈妈说，她经常把两个孩子留在家里。姐妹俩互相做伴，很少让妈妈担心。她们在家里的时候，会帮妈妈扫扫地啊，整理整理桌子啊，或者乖乖地看会儿电视等家人回来，从来不出去乱跑。

我问妈妈：“除了这些，孩子们在家里还干什么?”问这话的时候，我很希望听到妈妈提到读书这件事。但让我颇觉遗憾的是，妈妈说：“别的也没什么，写完作业就是玩了，在院子里玩。”妈妈说的作业，大约离不开练口算、抄字母之类吧。

让我欣慰的是，两个孩子识字量很大，远远超过了同龄的孩子。我问她们：“你们怎么认识这么多字啊?”

双告诉我：“我们看电视认识的。”“对，电视里有广告。”娇补了一句。这真让我不得不佩服这两个孩子了，居然没有就这样被电视给“毁”了!

哥哥的遗憾

提到这姐妹俩，不得不说一说她们的哥哥。哥哥的肤色黝黑，但身体很壮实。不知道是因为每天在室外风吹日晒，还是别的什么缘故，这个男孩子给我的印象是，总带着那么一些和年龄不太一致的沧桑感。

哥哥有时候会替妈妈来接两个妹妹放学，好几次我都发现他找借口靠近教室，站在窗口朝教室里看。

李老师告诉我：“这孩子可聪明了，以前我教过他。真不明白他妈妈怎么想的，孩子只上了一年初中，成绩也挺好的，愣是不让孩子上了。”

“为什么啊？”我有点无法理解。如果孩子成绩不好让辍学还可理解，可是明明李老师说孩子成绩也不差，这就让人搞不懂了。

“还不是想让他回来帮忙挣钱啊！他妈妈说，上学出来还得自己找工作，也不一定能找到，反正都是挣钱，还不如早点出来帮家里干活呢。”李老师说。

“怎么能一样啊！”我对这位妈妈的决定很难理解，这原本应该是一个很简单的道理啊！

“是啊，我还跟他妈妈说了几次，他妈妈说孩子也不愿意上了。哪里是人家不愿意上啊？他们总说家里负担重压力大，孩子懂事，就说不上了。”听得出来，李老师很为这个孩子惋惜。

我也是通过李老师的介绍，对这一家人有了新的认识。但是，没多久，我就从耳闻变成了眼见。

我们班级成立图书角后，娇和双的钱迟迟没有交上来。开始我以为是妈妈工作忙还没顾得上，后来我发现两姐妹的神色有些不对劲，就问孩子：“妈妈对我们集体买书这件事，怎么说的啊？”

“妈妈说，我们有书呢。”娇的声音不大，也完全没有了平时伶牙俐齿的样子。

“你们没有说，我们一起买的书更多更好看吗？”

两个孩子可怜巴巴地互相看了一眼，笑了。但这笑，分明流露出了与她们的年龄极不相衬的无奈和苦涩。

“你看吧，他们已经把儿子耽误了，这两个女儿也非给耽误了不可!”看着李老师着急的样子，不知道的人，还以为这是她自己的孩子呢。

“我们得找这个妈妈谈谈。”假如真如李老师猜想的那样，实在是太可惜了。

“没用的，改变一个成人的想法，哪里有那么容易啊!”李老师叹了口气。

“难也得试试啊。”我深深地了解，对孩子的教育如果缺少了家庭的支持和协助，老师会有多大的无力感。

趁妈妈送孩子的工夫，我拦住了她：“娇妈妈，我们准备给孩子们买第一批书了，您怎么想的?”

“哦，她们在家里，我也给她们买过。”娇妈妈说。

“你都不知道你两个姑娘多么爱看书，你买的那些哪里够她俩看啊!”我对这位妈妈说。

看妈妈没有吭声，我继续做她的工作：“班上好多孩子还要爸爸妈妈陪着读书呢，你家俩姑娘就已经不用了。她们识字量很大，独立阅读的能力也非常强，平时我还常常让她们给同学读故事呢。”

“那老师，她们两个能不能交一个钱啊?”娇妈妈似乎很艰难地说出了这句话。

我忽然明白了妈妈之前没有表达出来的意思。这是一位很要强的妈妈，她很少在我们面前提到家里的情况。不像有些父母，一见老师就会讲自己家庭的不容易之类的，似乎想以此博得老师对孩子格外的照顾和关注。其实，像我们班这些居住在城乡结合部的孩子的父母，要么是外来务工人员，要么是原来城市郊区的农民，压根也没有那种家庭条件优越、家世显赫的。

“行。”我直接就答应了她。

第二天，两个孩子蹦蹦跳跳地把钱交了，但让我意外的是，她们跟我说：“妈妈说了，我们俩看一本就可以，因为只交了一个人的钱。”

两个孩子的话，让我听了心里酸酸的。接过我递给她们的两本书，她们还不忘很乖巧地跟我说：“谢谢老师！”

都是小老师

自从见了这姐妹俩，我常常和李老师发感慨：“每个家庭，最少应该有两个孩子！”我们俩都认为，两个孩子最大的好处就是——比！

娇和双就常常比着做事。听妈妈说，她们回家会比谁先做完作业，会比谁先吃完饭，会比谁帮妈妈做的家务多，会比谁得到老师的表扬多，会比谁今天课堂上举手的次数多，会比谁又得到了老师给的机会做什么事了等等。

娇的同桌是一个在学习、阅读等各方面遇到的困难相对比较多的孩子。我于是安排娇做小老师，和这个孩子一起读故事、一起背诵晨诵诗歌，监督这个孩子的作业，等等。娇得到这个当小老师的机会，很兴奋。

可是我不知道，这件微不足道的小事，居然让双很受伤。

双妈妈来送孩子的时候，我正在门口值班。她见到我，意味深长地笑了笑。目送两个孩子走进去之后，她才转身跟我说：“老师，我们娇昨天回去可高兴了，说老师让她做小老师了。呵呵，我说我们双要多像姐姐学习，老师也会给机会的。”

她貌似在感谢我，但我隐约听出了一些不一样的东西。

“两个孩子都挺好的，您就放心吧。”我对她说了这样一句貌似不痛不痒的话，但其实，我很感谢她。她对我的提醒，应该她自己都没有意识到。

又到了我们的绘本故事时间了。我仍然记得早晨娇妈妈说的话，于

是有了一个新的想法。

第一遍，我让孩子们看着图画，我先讲了一遍故事。第二遍的时候，我打出了文字，但是我没有读，而是叫双起来讲给大家听。因为我在准备的时候读过文字，知道这对双来说是没有难度的。

双很兴奋，似乎我的信任让她找到了和姐姐之间的平衡。当然，她的故事讲得实在没有让我失望！

之后，我还是经常会提到“小老师”这个称呼。但是我开始特别注意，尽量让每一个孩子都有机会成为“小老师”。比如我让折魔尺最好的帅做别人的小老师，让舞跳得好的敏做别人的小老师，直到大家对“小老师”这个词语习以为常，然后彻底忘记。

这两个孩子就这样越来越阳光，思维品质也越来越好。

读完《海马爸爸》这个绘本故事，娇把她的写绘作业讲给大家听：“海马爸爸正在孵小海马。他看着宝宝一个个从育儿袋里孵出来，就说：‘多可爱的孩子啊！你们一定饿了吧？’海马妈妈在旁边喊：‘老公，生完了吗？’”

讲到罗非鱼也是爸爸把卵含在嘴里孵化小鱼时，双这样讲：“因为妈妈生宝宝的时候，爸爸正好不在家。所以等鱼爸爸回来之后，鱼妈妈罚他把宝宝含在嘴里。”

我们学习课文《盘古开天地》，大家讨论盘古有没有死的问题。娇说：“盘古当然没有死了，他的眼睛变成了月亮和太阳，月亮和太阳都发光，说明盘古没有死。”一个小男孩接着说：“是啊，下雨的时候，就是盘古在流眼泪呢。”双立刻接过来说：“不对不对，下雨的时候，是盘古在过泼水节呢！”把听课的老师逗得哈哈大笑。

最初的时候，我的每周一封信，娇妈妈从来不回。虽然我一直都在把两个孩子的情况及时地向她反馈，但似乎没有感觉到娇妈妈有什么很明显的变化。从李老师那里知道了娇哥哥的事情后，我对这两个孩子还真有些担忧。

终于有一次，我收到了妈妈的回信：“老师，你们好！其实孩子每次拿回来的信，我都看了几遍。说实话，提起笔来却不知道写些什么，（可是）不写，对不起你们的一片苦心。由于我们的工作没有按时按点，每天都是早上起来开始忙，一直到晚上睡觉才停止，真的是陪孩子的时间太少了。我常常是一边做晚饭，一边辅导孩子的作业，一边查看老师发过来的信息，好知道孩子在学校的情况及回家后的作业。说实话，对两个孩子的成长，你们比我们做家长的付出的心血还多，真是非常感谢!!”

信很短，可是我看了很久。

后来，这位妈妈又给我回了一封信：“老师，孩子带回来的绘本，有时候她们自己读，然后等我回来以后她们讲给我听；有时候是我们三个一起读，遇到一些成语或者词语什么的，她们就问我，这个词语是不是什么什么意思啊，得到我的肯定后，她们俩的高兴劲儿就别提了！有时候她们画完了画，也急着让我看一看，还给我解释画中的意思。我就鼓励她们说：‘你们真棒，继续努力!’”

就这样，我越来越放心了！哦，后来，娇妈妈还把另一个孩子购买图书的钱也交了上来……

萤火虫对父母说

当有的人在抱怨环境恶劣的时候，有的人却在逆境中不懈努力，且涵养出一种从容。已为人父母者，更应该懂得如何以自己的行为，向孩子诠释幸福的真正含义。

1. 如果父母能在各种生活境遇中都做到微笑面对，那么，他们对子女的教育就成功了一半。

案例中，娇妈妈把一辆拉货的车收拾得那么整齐，把自己和两个女儿打扮得那么得体，都源于她健康积极的心态。对孩子来说，这是家庭给予她们的一笔财富。这就是这娘儿仨总能用她们的笑容打动人的原因了。

2. **眼界决定境界，父母要是不开阔眼界，就不能给孩子更好的未来。**

父母如果不能够开阔自己的眼界，不能够提升自己的境界，就无法把一个更大的世界带给孩子，无法为孩子提供更多的可能性。在这样一个信息多元化的时代，父母还是有很多机会去学习进步的，关键还是看父母们有没有这份自觉、有没有这种意识。

3. **父母要尽力让孩子明白，一切学习的最终目的，应该是生命的成长。**

上学无用的说法，似乎成了一段时间内，一些群体，尤其是弱势群体，在面对现实的无奈情况下总结出来的“金科玉律”。事实上这窄化了上学的含义。上学读书的目的，是让人成为一个更好的人。

萤火虫对老师说

老师面对学生家庭暴露出来的问题，必须选择父母们能够接受的方式来沟通。老师首先要用同理心对父母抱以极大的理解，然后才有权利提出指导性建议。

1. **老师要力所能及地帮助父母，解决他们在教育子女过程中的切实困难。**

每个人的性格不同，处理事情的态度和方式也不同。如果老师粗心地忽略了父母那些没有直接说出来的话，就很容易让老师和父母之间形成隔阂。比如娇妈妈说给孩子交一个人的钱，一方面可能对孩子阅读这件事持有怀疑的态度，一方面可能的确有困难。老师在不违背大原则的前提下，应该为父母提供最大的方便。这也是老师和父母建立信任关系的一个重要条件。

2. 面对父母貌似不配合的行为，老师应该尽力了解背后的真实原因。

教师如果没有了解真实的情况，很可能会错怪了家长。比如娇妈妈很少回复老师的信，是因为每天的工作时间长，的确很忙，而且她的确不知道要和老师交流什么。老师必须有耐心，不断用孩子身上的细节，让父母体会到老师对孩子的关注，体会到老师对孩子的良苦用心。老师除了取得父母的信任，更重要的是引领父母学会关注孩子。老师要帮助父母拥有发现的眼睛，发现孩子成长中那些可贵的瞬间，留存那些简单却真实的幸福！